HOW TO SURVIVE

ELTERNABEND

W0235847

ANGELA RÖMELT

HOW TO SURVIVE
ELTERNABEND

**So überleben Sie Krabbelgruppe,
Schule und Sportverein Ihres Kindes**

Mit Illustrationen
von Jana Moskito

SCHWARZKOPF & SCHWARZKOPF

INHALT

Sie einen Elternabend überstehen, bei dem es um Geld geht – Wie Sie einen Elternabend überstehen, bei dem beinahe die Presse gekommen wäre – Wie Sie einen Elternabend überstehen, bei dem es um Sexualkunde geht – Wie Sie einen Elternabend überstehen, bei dem es um Sucht und Rauschmittel geht – Wie Sie einen Elternabend mit externen Sachverständigen überstehen – Wie Sie einen Elternabend überstehen, bei dem die Kinder mitgebracht werden sollen

VORWORT

Mein Mann und ich sind Elternabend-Veteranen. Bei vier Kindern, die durch Krabbelkreis, Kindergarten, Grundschule, Fußballverein, Radsportverein, Kunstkraftsportverein, Jazzdance-Gruppe, Erstkommunionunterricht, weiterführende Schule, Domchor, Schulorchester, Firmkurs und Englischkurs im Ausland begleitet werden sollten, blieb uns auch gar nichts anderes übrig. Wir haben Schwielen an den Fingern vom krampfhaften Festhalten des Kugelschreibers und einen antrainierten Wegduck-Reflex, wenn nach Freiwilligen für ein Amt gesucht wird. Wir können kryptische Codes in brauchbare Hinweise auf Veranstaltungsorte konvertieren (Raum 23c im Anbau rechts hinten oben) und unsere Kontaktdaten so verschlüsseln, dass uns so schnell niemand findet (Telefon Vater, mobil, dienstlich, nur im äußersten Notfall). Wie gesagt, wir sind Veteranen.

Wir haben gekocht, gebacken und Protokolle geführt. Wir haben gewählt und uns wählen lassen. Wir haben applaudiert und bissige Bemerkungen an den Rand von Einladungsschreiben gekritzelt. Wir haben zwei, drei, vier Mal dieselben Witze zu denselben Anlässen gehört. Wir haben Bücher bestellen lassen, die nie gelesen wurden, Glückwunschkarten für scheidende oder schwangere Lehrerinnen unterschrieben und zahllose Gutscheine für Trainer und Gruppenleiter finanziert.

Wir wissen alles über Elternabende.

Wir haben über sie gestöhnt, uns auf sie gefreut, sie verabscheut und herbeigesehnt, und jetzt, wo das jüngste unserer Kinder auf die Oberstufe zu geht und die vollständig elternabendlose Lebensphase nahe rückt, wird mir klar, was ich nie für möglich gehalten hätte: Ich werde sie vermissen.

Von daher ist es ein besonderes Vergnügen, in diesem Buch noch einmal auf die schrecklich-schöne Zeit der Elternabende zurückzublicken. Nur wenig, sehr wenig von dem, was darin steht, ist erfunden.

Es waren 20 Jahre voller interessanter, haarsträubender, bewusstseinserweiternder, lustiger und auch nachdenklich stimmender Erlebnisse. In Gedanken grüße ich euch noch einmal alle: ihr nervigen und weniger nervigen Mit-Eltern, ihr heldenhaften Erzieherinnen und nahezu »heiligen« Grundschullehrerinnen, ihr einschüchternden Trainerinnen und Trainer und alle anderen, die zum Teil so einzigartig waren, dass ihnen keine Kategorie gerecht würde. Wir haben überlebt!

Semper Fi!

KAPITEL I

DIE VORBEREITUNG AUF DEN ELTERNABEND

Elternabende beginnen nicht dann, wenn der Veranstalter auf den Tisch klopft und um Ruhe bittet, sondern in dem Moment, da Sie den Zettel mit der Einladung in Empfang nehmen. Ein erfolgreicher Elternabend bedarf der erfolgreichen Vorbereitung. Wie diese aussehen sollte, lernen Sie in den folgenden Abschnitten.

1.

WIE SIE SICH AUF DEN ELTERNABEND VORBEREITEN

Der erste Elternabend ist in jeder Hinsicht ein verflixtes erstes Mal und sollte deshalb sorgfältig vorbereitet werden.

Möglicherweise findet Ihr erster Elternabend statt, bevor Sie – technisch gesehen – überhaupt Eltern sind. Wenn Sie als moderne und verantwortungsbewusste Eltern einen Geburtsvorbereitungskurs besuchen, und zwar zu zweit, findet dieser wahrscheinlich auch am Abend statt, und alles dreht sich dabei ums Eltern-Werden, es handelt sich also um einen Elternabend.

Vergessen Sie ihn trotzdem. Wenig, wenn überhaupt irgendetwas von dem, was Sie dort hören und sagen, wird in Ihrer Realität als Eltern jemals wieder eine Rolle spielen.

Sie werden vielleicht hören, welche Art Musik bei den Eröffnungswehen hilfreich ist, und eine Liste Ihrer Lieblingsstücke machen. Das Anfertigen dieser Liste wird eine angenehme und meditative Tätigkeit sein und Ihnen und dem ungeborenen Kind guttun, das war's dann aber auch schon. Wahrscheinlich werden Sie, wenn es dann wirklich losgeht, die CD oder den Player vergessen, und irgendwann werden Sie einfach schreien »I'm on a highway to hell«, auch wenn Sie Mozart geplant hatten. Seien Sie sich nicht böse deswegen. That's life bzw. der natürliche Beginn desselben.

Vergessen Sie genauso gründlich, was die anderen anwesenden Bald-Eltern gesagt haben. Wie sie ihr Baby wickeln werden – nachhaltig, ökologisch, energiesparend und hautverträglich – wie sie es schlafen legen und wie sich ihre Beziehung gestalten wird. Diesen Plänen wird es genauso ergehen wie Mozart. Geben Sie der Realität eine Chance. Sie setzt sich ohnehin durch.

Der erste »richtige« Elternabend wird dann vermutlich stattfinden, wenn Sie und Ihr Baby zum ersten Mal das Kernfamiliendasein erweitern auf die Teilnahme an einem Gruppendasein. Sie verwandeln sich sozusagen in ein Rudel. (Diese Beschreibung mehrerer Eltern an einem Ort hat etwas bedrückend Realistisches).

Es kann schon nach wenigen Wochen so weit sein, wenn Sie Ihr drei Monate altes Baby zum Frühschwimmen anmelden, solange die Erinnerung an das Planschen im Fruchtwasser noch frisch ist, oder wenn Sie einen Platz in einer Kleinstkinderkrippe benötigen und auch tatsächlich finden. Im optimalen Fall findet das erste Mal statt, wenn Sie und Ihr Kind sich schon aneinander gewöhnt haben, Zeit hatten, sich kennenzulernen, und das erste Mal bewusst und mit innerer Sicherheit angehen können. Wie andere erste Male auch. Also, etwa nach ein bis zwei Jahren, wenn das Kind in einen Krabbelkreis oder eine Spielgruppe kommt.

Neben der mentalen Vorbereitung müssen Sie auch den äußeren Details etwas Aufmerksamkeit widmen.

Die Teilnahme an einem Elternabend erfordert sorgfältige Vorbereitung. Auf gar keinen Fall kann man direkt vom Büro, der Baustelle, dem Filmstudio oder dem Wickeltisch weg zum Elternabend aufbrechen. Damit würde man der Bedeutung des Ereignisses nicht gerecht.

Erstes und absolut unverzichtbares Utensil ist die Einladung zum Elternabend. Vor allem, wenn man mehrere Kinder hat, ist es notwendig, den Überblick zu behalten, welchen Elternabend man zu besuchen im Begriff ist. Natürlich trägt man zur Erheiterung der anderen Teilnehmer bei, möglicherweise für Wochen, wenn man im Trainingsanzug und Fitness-Modus erscheint in der Annahme, es handele sich um den Elternabend im Fußballverein des Sohnes, und dann den befremdeten Mit-Eltern gegenübersteht, die über die erste Einheit Sexualkundeunterricht in der Grundschule der Tochter informiert werden sollen, aber wenn man solche Momente vermeiden kann, sollte man es unbedingt tun. Es gibt genug Sitcoms auf Pro Sieben für diese Art der Volksbelustigung.

Die schriftliche Einladung also. Sie sollte bis zum fälligen Termin gut sichtbar an einer Pinnwand hängen oder am Kühlschrank. Auf ihr stehen die wichtigsten Koordinaten, nämlich wer einlädt, wann, wohin und warum. Sie ist auch hilfreich, wenn man den Namen der einladenden Person schon wieder vergessen hat (»Jonathan, wie heißt deine Klassenlehrerin noch mal?«). Eventuell war sie mit einem Abschnitt versehen, der dem Kind unterschrieben wieder mitgegeben wurde. Damit ist man quasi eine Art rechtsverbindlichen Vertrag eingegangen. Wir kommen alleine, zu zweit, mit Kind. Zutreffendes bitte ankreuzen.

So etwas setzt die Eltern unter Druck. Einfach doch nicht kommen, wenn man unterschrieben hat, dass man es tun wird … ein solches Verhalten wäre ein ganz schlechtes Beispiel für das Kind.

Elternabende sind ernste Angelegenheiten. Wir nehmen als ELTERN teil, als Erzieher der nächsten Generation. Wir bauen an der Zukunft unseres Landes, unserer eigenen und der unseres Rentnerdaseins. Sie sind mit Werten und ethischen Imperativen bedeckt wie der Rennanzug eines Formel-1-Fahrers mit Sponsoren-Logos.

Sie sollten sicher sein, wann und wo der Elternabend stattfindet. Das ist nicht so selbstverständlich, wie es klingt. Elternabende finden weder zu bestimmten Jahreszeiten noch immer an denselben Wochentagen statt. Sie sind nicht einmal immer ABENDS. Tragen Sie das Datum in allen Ihren Kalendern ein und unterstreichen Sie es rot oder verbinden Sie es mit einem besonders deutlichen Nachrichtensignal.

Es kann ratsam sein, vor dem ersten Elternabend etwas Yoga zu machen oder ein Glas Sekt zu trinken. Leider übernehmen nur wenige Veranstalter von Elternabenden diese Verantwortung und begrüßen die Teilnehmer mit Sekt (Yoga kommt schon eher mal vor).

Bevor Sie zum Elternabend aufbrechen, werfen Sie noch einen Blick auf Ihr Kind und sagen Sie sich – gegebenenfalls auch dem Kind: »Ich liebe dich, so wie du bist, und unser Leben ist gut.« Sie glauben gar nicht, wie schwer es Ihnen fallen wird, diesen Satz NACH dem Elternabend zu sagen.

Denken Sie an den Vergleich mit dem Rudel. Jedes Muttertier will sein Junges beschützen, und zwar vor allem vor den Muttertieren anderer Jungen.

Atmen Sie tief durch und machen Sie sich auf den Weg zu Ihrem ersten Elternabend. Sie tun die ersten Schritte auf einem langen und schwierigen, aber auch lohnenden Weg. Sie werden mehr über sich und andere und das reale Leben erfahren als irgendwo anders, abgesehen vielleicht von Facebook.

WIE SIE ENTSCHEIDEN, WER AUF DEN ELTERNABEND GEHT

Es ist ein ELTERNabend, prinzipiell können Sie also zu zweit erscheinen. In der Praxis wird das höchstens ein- oder zweimal der Fall sein, es sei denn, der Veranstalter fordert ausdrücklich und unter wüsten Drohungen, dass beide Eltern erscheinen.

Sind die Kinder noch klein und steht kein flexibler Babysitter (Ohne Mindestvorlaufszeit bei der Anmeldung = OMA) zur Verfügung, wird in den meisten Fällen nur ein Elternteil in den Genuss des Elternabends kommen, wobei gilt: je kleiner die Kinder, desto größer der Genuss.

Hierbei sind unterschiedliche Szenarien möglich.
Szenario Nummer 1: Papa (erwerbstätig) kommt nach anstrengendem Arbeitstag nach Hause und möchte seine Ruhe vor dem Fernseher. Mama (in Elternzeit) will nach anstrengendem Arbeitstag zu Hause etwas frische Luft. Die einfachste Lösung besteht darin, dem Papa Bier und Baby – nach Ellbogen getrennt – in die Arme zu drücken und aus dem Haus zu sein, ehe er es sich anders überlegen kann. Wenn der Elternabend erst in einer Stunde anfängt, kann frau ja vorher noch einen Kaffee trinken gehen. Ohne Kinderwagen, Wickeltasche und Teefläschchen. Freiheit!!!
Szenario Nummer 2: Papa (erwerbstätig) kommt nach anstrengendem Arbeitstag nach Hause und denkt gar nicht daran, das schreiende Bündel Glück und Lebenssinn zu übernehmen. Stattdessen erklärt er sich mit opferfreudigem Lächeln bereit, die Familie auf dem Elternabend zu vertreten. Mama (in Elternzeit) will widersprechen, aber er ist aus dem Haus, ehe sie sich

die richtige Antwort überlegen kann. Wenn der Elternabend erst in einer Stunde anfängt, kann man ja vorher noch ein Bier trinken gehen. Ohne Auto mit dämlichem Namensaufkleber an der Heckscheibe.

Szenario Nummer 3: Papa (in Elternzeit) wartet darauf, dass Mama (erwerbstätig) nach einem anstrengenden Arbeitstag nach Hause kommt, um ihm das anstrengende Bündel Glück und Lebenssinn abzunehmen. Er begrüßt sie mit den Worten »Du bist sicher froh, dass du ihn endlich selbst betreuen kannst« und geht dann fließend in Szenario 2 über.

Szenario Nummer 4: Mama (erwerbstätig) hat aus Szenario Nummer 3 gelernt und ruft vom Büro aus zu Hause an, dass sie leider etwas länger machen muss und dann direkt von der Arbeit zum Elternabend geht. Die Milch für das Abendfläschchen steht im Kühlschrank.

Mit zunehmendem Alter der Kinder ändern sich die Szenarien nur unwesentlich. Aus der Milch im Kühlschrank werden Sandwiches im Kühlschrank, aus den Ellbogen werden Knie, und aus dem Kaffee wird ein Kognak. Nur das Bier bleibt Bier. Das Problem, wer auf den Elternabend gehen muss/darf/kann, wird Sie durch die Zeit Ihres Elternlebens begleiten wie kommende und gehende Zähne, zu unterschreibende Zettel und vergessene Wertmarken am Ersten eines Monats.

Sie könnten Schnick-Schnack-Schnuck spielen. Sind die Kinder schon etwas älter, werden sie mit Begeisterung den einen oder anderen Elternteil anfeuern. Je nachdem, von wem sie sich die größere Verhandlungsbereitschaft wegen der Ins-Bett-geh-Zeit versprechen.

Sie könnten abwechselnd gehen. Das bereitet nur bei mehreren Kindern Probleme. »Nein, ich war auf dem Elternabend im Fußballverein, der Turnverein ist deine Sache.« – »Aber wir hatten ausgemacht, dass einer zu den Sportvereinen geht und der andere in die Schule.« – »Na und? Der Turnverein trainiert in der Schulturnhalle, das IST Schule.«

Auf diese Weise werden Kinder früh in die Argumentationsweisen eingeführt, denen sie später im Beruf auch begegnen werden, vor allem, wenn sie Anwalt oder Politiker werden sollten.

Bei mehreren Kindern kann man auch nach Alter trennen. Bis zur 4. Klasse geht Mutti, ab der höheren Schule ist Vati an der Reihe. Das ist angeblich bei Naturvölkern ähnlich geregelt (auch wenn es statt der höheren Schule dann eher ums Erlegen von Tieren geht), und die taugen als gutes Beispiel auch im Großstadtdschungel. Allerdings ist das ein bisschen paternalistisch, also ist auch die umgekehrte Regelung denkbar. Theoretisch.

Oder man trennt nach Geschlecht. Papa besucht die Elternabende der Töchter und Mama die der Söhne. Oder umgekehrt? Nein, nicht umgekehrt.

Wie Sie es auch regeln und selbst wenn Sie zu der einfachsten Regelung greifen, dass immer der zum Elternabend geht, der nicht vergessen hat, dass er heute stattfindet, die Frage, wer zum Elternabend geht, führt Ihnen immer wieder praktisch vor Augen, dass Sie als Eltern eine Einheit sind. Schon der Begriff ELTERNabend weist darauf hin. Die Trennung in einen Teil, der hingeht, und einen, der daheim bleibt, ist künstlich und lebensfremd, und Sie können dem nur entgegenwirken, wenn Sie nach der Heimkehr den vor dem Fernseher eingeschlafenen Partner energisch wachrütteln, um ihm (oder ihr) alles zu erzählen. Passen Sie nur auf, dass das Kind dabei nicht aufwacht.

PS: Das gilt übrigens auch, wenn Sie sich in einer Lebensform befinden, in der Sie zwar Eltern sind und bleiben, aber nicht unter einem Dach leben. Das sekundenlange Schweigen eines

Kindes, das gefragt wird »Wer von deinen Eltern ... äh, Leuten kommt zum Elternabend?« umspannt Jahrzehnte gesellschaftlicher Entwicklungen. Unter Umständen sind Elternabende eine der wenigen Gelegenheiten, bei denen Sie sich der Unauflöslichkeit der Elternschaft wieder einmal bewusst werden.

3.

WIE SIE WICHTIGE INFORMATIONEN FESTHALTEN

Elternabende sind gespickt mit Informationen, und es ist wichtig, dass Sie sie alle aufschreiben, abspeichern, in Ihre Kalender, Smartphones und Tagebücher eintragen. Alle. Jede einzelne. Es wird kommen der Tag, an dem Ihnen eine Lehrerin lapidar mitteilt: »Die Anschaffung der neuen solarbetriebenen Taschenrechner mit Namensgravur für jedes Kind zum Vorzugspreis von 89 Euro ist auf dem Elternabend besprochen worden.«

Es gibt verschiedene Wege, um die Fülle an Daten, Namen, Zahlen und Inhalten, die Ihnen präsentiert werden wird, aufzubewahren für die Ewigkeit – oder zumindest den Rest des (Schul-)Jahres.

Als Erstes gehört zur Ausrüstung genügend Papier, um sich Notizen zu machen. Besonders für Eltern mehrerer Kinder empfiehlt sich die Führung eines Elternabend-Buches. Kein Witz. Erstens erspart man sich dadurch das verzweifelte Suchen nach dem Zettel mit der Kontonummer der Klassenlehrerin, der bis vorgestern die 300 Euro für die Skifreizeit hätten überwiesen werden müssen, und zweitens kann man sich manche Notiz ersparen, wenn Jahr für Jahr dieselben Elternabende wegen der verflixten Skifreizeit der 8. Klassen abgehalten werden. Was alles in die Koffer gehört und welche Verhaltensregeln in Bezug auf Handys und MP3-Player gelten, haben wir schon vor zwei Jahren mitgeschrieben, als Simon in der Achten war. Bei Jakobs Elternabend können wir uns also zurücklehnen und die aufgeregten Fragen der Neu-Eltern genießen.

Auch aus einem weiteren Grund empfehle ich ein solches Buch. Man kann darin zurückblättern und die Erinnerung genießen. Da ich zu den Zeitgenossen gehöre, die nur konzentriert zuhören können, wenn ihre Finger etwas zu tun haben (angeblich ein ADS-Symptom), ist unser Elternabendbuch neben Notizen angefüllt mit Zeichnungen, Karikaturen oder verschlüsselten Mitschriften besonders erheiternder Beobachtungen oder Bemerkungen über oder seitens der Veranstalter und Mit-Eltern. Es ist eine Art Scrap-Book durch die Schulzeit unserer Kinder geworden. Sogar die Kinder selber blättern gerne darin.

Um schreiben zu können, bedarf es eines Stiftes. Besser, Sie nehmen zwei mit. Irgendwann kommt immer der Punkt, an dem der Kugelschreiber blasser und blasser schreibt, und vor allem auf Schul-Elternabenden kommt es einer Re-Traumatisierung gleich, in die Runde zischen zu müssen: »Hat vielleicht jemand noch einen Kugelschreiber?« Immerhin steht da vorne ein LEHRER! Wer besonders nett sein und diesen gefürchteten Moment auch anderen ersparen will, nimmt mindestens drei Kugelschreiber mit.

Übrigens, natürlich kann man die wichtigen Informationen eines Elternabends auch auf einem iPad oder Android-Tablet oder sogar im Smartphone speichern. Und natürlich wirkt das besonders cool, vor allem bei Vätern, denen man auf diese Weise anmerkt, dass sie, entgegen meiner ausdrücklichen Aufforderung weiter oben, eben doch direkt von ihrem mega-wichtigen EDV-Arbeitsplatz zu diesem Elternabend geeilt sind, weil ihnen ihr Kind eben giga-wichtig ist. Aber lassen Sie es sich gesagt sein:

Sie werden verzweifelt auf den Touchscreen hacken, weil die Tastensperre wieder angesprungen ist. Sie werden die Ansage der Abfahrtszeit für die Klassenfahrt verpassen, weil sie gerade nur-mal-eben eine App aufgemacht hatten und beim Versuch, stattdessen die Notizblockfunktion zu öffnen, Google Maps geöffnet haben, das erst wieder zugeht, wenn Sie abgelehnt haben, die Standortnutzung zu erlauben. Sie werden sich vertippen, und bis Sie Autokorrekt korrigiert haben, ist der Veranstalter schon beim nächsten Thema. Ich weiß das alles, weil ich es versucht habe. Vertrauen Sie mir und nehmen Sie Papier und Kugelschreiber. Und versuchen Sie, den Lehrer vorne zu zeichnen, wenn Ihnen langweilig ist, anstatt Facebook zu öffnen. Sie verpassen sonst auch die Uhrzeit für die Rückkehr von der Klassenfahrt.

4.

WIE SIE SICH FÜR DEN ELTERNABEND ANZIEHEN UND WER DAS ZU BESTIMMEN HAT

Ein Thema, das mit zunehmendem Alter der Kinder an Bedeutung gewinnt, ist das äußere Erscheinungsbild der Eltern auf dem Elternabend.

Bei den allerersten Elternabenden ist es den lieben Kleinen noch egal. Sie liegen gurgelnd im Autositz oder hängen spuckend über unseren Schultern, während wir den Ausführungen der Babyschwimmgruppenleiterin oder der PEKiP-Trainerin lauschen (nein, das ist NICHTS Politisches, das heißt Prager-Eltern-Kind-Programm und ist ein Konzept für die Interaktion mit Kindern im ersten Lebensjahr. Ich persönlich hatte für so etwas nie Zeit, ich war ja immer schon mit dem nächsten Kind

schwanger). Auch bei Kindergarten-Elternabenden empfiehlt sich noch eine an den Bedürfnissen der Eltern orientierte Kleidung. Nichts Einengendes anziehen, man verbringt viel Zeit damit, auf winzigen Stühlen oder Turnhallenbänken zu kauern. Aber manchmal schon in der Grundschule wird man als Vater oder Mutter ebenso erbarmungslos dem Druck der Peergroup ausgesetzt wie das eigene Kind.

»Mama, die Chantal hat gesagt, ihre Mutter hat gesagt, das Sweatshirt, das du gestern beim Elternabend angehabt hast, sah aus wie aus dem Secondhandladen. Und dann hast du noch das Infoblatt über die Beihilfe zur Schulbuchausleihe mitgenommen. Wie steh ich jetzt da in der Klasse?! Die denken, wir kriegen Hartz IV!«

»Papa, mir wär's lieber, wenn du nicht im Anzug und so zum Elternabend gehen könntest. Die Jungens im Verein haben alle über mich gelacht.«

Es fällt eben immer auf die Kinder zurück, wenn die Eltern sich nicht benehmen können.

Aber schieben wir nicht alles auf die Kinder. Wir als Eltern machen uns natürlich halbbewusst auch Gedanken darüber, in welchem Outfit wir vor diese merkwürdige Zufallsgemeinschaft namens Elternabend treten. Am deutlichsten wird dieser Zufallscharakter in der – öffentlichen – Grundschule. An Waldorf-, Montessori- oder kirchlichen Grundschulen ist er weniger offensichtlich, aber wenn der Wohnort die einzige Gemeinsamkeit aller Anwesenden ist, werden an einem solchen Elternabend Eltern der verschiedensten Farben, Prägungen, Einkommensgruppen und Biografien aufeinandertreffen. Man fühlt sich beinahe ein bisschen wie bei den Vereinten Nationen.

Will man also bewusst distinguiert auftreten oder eher lockere Offenheit demonstrieren? Dürfen die anderen Eltern sehen, dass man aus einem stressvollen Alltag kommt, oder ist es wichtiger, perfekt und kontrolliert zu wirken? Und nicht zuletzt – wie erreicht man den Elternabend überhaupt? Auch hierbei muss das Outfit mitbedacht werden. Mit dem Auto, Bus oder Straßenbahn, zu Fuß oder mit dem Fahrrad? Und wie ist das Wetter draußen? Ich erinnere mich an einen Elternabend im Winter, den ich angesichts der deplorablen Parkplatzsituation in der Innenstadt mit dem Fahrrad ansteuerte und mich dann im überheizten Klassensaal mühsam aus mehreren Jacken und einer Regenhose schälen musste. Die Mit-Eltern sahen meinem Striptease fasziniert eine Viertelstunde lang zu. Wer nicht möchte, dass von nun an bei der Nennung des eigenen Kindes in den Familien der Klassenkameraden sofort so ein Bild vor deren innerem Auge auftaucht, sollte aus meiner Erfahrung Schlüsse ziehen. Dann hätte ich sie wenigstens nicht vergebens gemacht.

5.

WIE SIE DEN ELTERNABEND ERREICHEN

Wie schon erwähnt, muss diesem Aspekt sorgfältigste Aufmerksamkeit gewidmet werden. Psychologisch gesehen ist es wichtig, dass Sie dem Veranstalter des Elternabends eine Botschaft klar und unmissverständlich mitteilen: Ich bin nicht mein Kind!

Das ist gar nicht so einfach, wie es klingt. Vor allem bei Schulelternabenden werden Sie schneller in die Schülerrolle zurückfallen als ein Pausenbrot auf die Mettwurstseite, wenn Sie nicht aufpassen. Sie betreten einen Klassenraum und setzen sich an einen Tisch. Dieser hat einen Haken für Schulranzen an der Seite, und schwups, schon hängt Ihre Handtasche dort. Womöglich erhalten Sie noch ein Schild mit dem Namen Ihres Kindes darauf, damit die anderen Eltern und die Lehrkraft Sie zuordnen können und – avada kedavra – Ihre erwachsene Identität ist vernichtet, und Sie werden mit »Laura« angesprochen, obwohl Sie doch Annemarie heißen. Als nächstes heben Sie den Zeigefinger, wenn Sie etwas sagen wollen. Ganz bestimmt.

Kommen Sie also NICHT mit dem Fahrrad oder dem Bus. Kommen Sie mit dem Auto, und legen Sie als Erstes, bevor Sie sich hinsetzen, den Autoschlüssel vor sich auf den Tisch. Damit signalisieren Sie der Autoritätsperson, die den Elternabend einberufen hat, dass Sie auch eine sind. Sie haben einen Führerschein. Sie fahren einen Audi. Hat Kevin einen Führerschein? Nein! Der Unterschied dürfte klar sein.

Merken Sie sich: Wenn Sie sich wie Kevin benehmen, werden Sie wie Kevin behandelt.

Natürlich ist es höflich und in Deutschland auch beinahe unvermeidlich, dass man pünktlich zum Elternabend eintrifft. Pünktlichkeit ist eine Kunst, und ohne uns loben zu wollen: Wir sind in Deutschland Weltmeister darin. Andere Länder beneiden uns um Meetings, die für 10:55 Uhr angesetzt sind und um 11:15 Uhr tatsächlich beginnen.

Vermeiden Sie es, zu spät einzutreffen. Auch hier lauert die Gefahr, in die Rolle Ihres Kindes zu verfallen. Wenn Sie erhitzt und außer Atem in den Klassenraum stürzen, die Lehrerin in ihrer Begrüßungsansprache unterbrechen und ohne nachzudenken stammeln »Der Wecker hat nicht geklingelt«, sind Sie verloren. Die Lehrerin wird Sie streng anschauen, »Setz dich auf deinen Platz!« sagen und einen Strich ins Klassenbuch machen, ebenfalls ohne nachzudenken. Das läuft dann ganz automatisch.

Befreien Sie sich aus dieser Rolle. Kommen Sie pünktlich oder zu früh. Besonders wenn Sie ein Vater sind, bietet sich die

Möglichkeit, ungeduldig auf den Fußspitzen wippend und mit Blick auf die Armbanduhr der schlüsselrasselnd eintreffenden Lehrkraft zu signalisieren: Ich bin ein wichtiger Mensch und habe eigentlich anderes zu tun, als auf Sie und den Beginn dieser lächerlichen Veranstaltung zu warten.

Wenn Sie eine Mutter sind, können Sie den Unterschied zwischen sich und Ihrem Kind betonen, indem Sie vor Beginn der Begrüßungsansprache ostentativ mit einem Lippenstift hantieren. Wenn Sie eine Tochter haben, allerdings nur bis zu Elternabenden in der 7. Klasse.

Natürlich sind solche psychologischen Feinheiten nicht immer notwendig. Bei Elternabenden außerhalb der Schule wird der Unterschied zwischen Ihnen und Ihrem Kind viel einfacher zu betonen sein. Zum Beispiel, wenn der Fußballtrainer fragt, welche Väter selbst mal Fußball gespielt haben (um unentgeltlich und zeitaufwendig den Assistenztrainer für ihn zu geben) oder wenn der Pfarrer sich erkundigt, wer von Ihnen sich denn noch an die eigene Erstkommunion erinnert ...

Doch! Solche psychologischen Feinheiten sind immer notwendig.

Wenn Ihnen Ihr Gewissen oder Ihr Umweltbewusstsein, ihr Geldbeutel oder die Parkplatzsituation verbieten, den Elternabend mit dem Auto zu erreichen, versuchen Sie trotzdem, Ihren eigenen Stil der Transportmethode aufzudrücken. Es schadet Ihrem inneren Gleichgewicht, wenn Sie im Hausflur stehen, sich die Hosenbeine mit runden Metallklammern vor dem Zugriff der Fahrradkette sichern, Ihr Sprössling dazukommt und fragt: »Wo fährst du hin?« und Sie gebückt antworten: »Zum Elternabend.«

Eine solche Situation wirkt schlicht ent-elternd. Sagen Sie: »Ach, nur ein bisschen trainieren.« Und dann machen Sie, dass Sie loskommen. Sie wollen doch nicht zu spät eintreffen (siehe oben).

6

WIE SIE WÄHREND DES ELTERNABENDS KONTAKT MIT ZU HAUSE HALTEN

Nicht alle Eltern sind heute in einer Situation, die den Besuch von Elternabenden einfach macht. Alleinerziehende, Eltern mit Schichtdienst, Eltern kranker Kinder – sie alle müssen sich besonderen Herausforderungen stellen, um Elternabende überleben zu können. Das Handy gehört deshalb ebenso unverzichtbar zur Ausrüstung wie die eingangs erwähnte schriftliche Einladung. Man sollte es auf Lautlos stellen, gewiss, aber man sollte es so platzieren, dass man sehen kann, wenn das Display aufleuchtet. Während man die Zukunft der Kinder bespricht, kann ihre Gegenwart durchaus eine schnelle elterliche Reaktion erforderlich machen. Lassen Sie sich nicht von den hochgezogenen Augenbrauen anderer Eltern irritieren, die vielleicht in komfortableren Situationen sind (Großeltern nebenan). Unsere Kinder meistern dieselbe Situation ja auch jeden Tag. Jedenfalls, wenn ich die Facebook-Updates meiner Tochter mit ihrem Stundenplan abgleiche.

Wenn Sie Ihre Kinder daheim in der Obhut des anderen Elternteils wissen, können Sie in den meisten Fällen beruhigt am Elternabend teilnehmen und müssen sich keine Gedanken machen, wie Sie Kontakt mit zu Hause halten. Wie gesagt, in den meisten Fällen.

In den meisten der anderen Fälle wird es nötig sein, sich schon beim Betreten des Raumes, in dem der Elternabend stattfindet, darüber Gedanken zu machen. Nicht überall ist der Handyempfang gleich gut.

Wenn Sie sehr viel Pech haben, gibt es gar keinen Empfang. Zum Beispiel in unterirdischen Turnhallen oder Kellerräumen.

Dann kauen Sie halt so lange am Kugelschreiber, bis Sie es nicht mehr aushalten und den Elternabend mit einer gemurmelten Entschuldigung vorzeitig verlassen.

Glücklicherweise sind die Zeiten, in denen man fürchten musste, während des Elternabends angerufen zu werden, vorbei.

Heutzutage erhalten Sie einfach eine WhatsApp-Nachricht. »Milch übergekocht. Kann den Feuerlöscher nicht finden. Komm heim!« Trauriger Smiley.

Etwas kniffliger wird es, wenn Sie Ihre Kinder mangels Babysitter oder Großeltern für die Dauer des Elternabends alleine zu Hause lassen müssen. Ab einem bestimmten Alter geht auch das, und die Sprösslinge sind vernünftig genug und in der Lage, sich selbst ein Butterbrot zum Abendessen zu machen und vor Beginn des Spätkrimis ins Bett zu gehen. Spätestens mit 35 oder so.

Mit jüngeren Kindern lässt sich vereinbaren, dass sie sich in regelmäßigen Abständen melden. Per WhatsApp natürlich. Das tröstliche Summen des Smartphones signalisiert den elternabenden Eltern, dass daheim alles in Ordnung ist und Friederike-Franziska daran gedacht hat, die halbstündliche Meldung abzuschicken. Ein bisschen, als ob man eine schnurrende Katze auf dem Schoß hielte.

Natürlich kann auch irgendjemand anders die Meldung abgeschickt haben. Man sieht einer Textmitteilung auf einem Display ja nicht an, welche Finger den Touchscreen bedient haben. Bilder von maskierten Unholden, die durchs Fenster einsteigen, die halbwüchsige Tochter mit deren eigener Jeans ans Bett fesseln und dann mit hämischem Grinsen ein »Alles okay, hdl« an den WhatsApp-Kontakt »Mama« schicken, zucken in Sekundenbruchteilen durch das mütterliche Gehirn, das sich eigentlich der Auswahl der Lektüre für den Englisch-Leistungskurs zuwenden sollte. Was soll gelesen werden: Edgar Allan Poe? Sorry, Miss, ich muss nach Hause!

Da sind die 20 Euro für einen Babysitter vielleicht doch die bessere Investition, als das Geld für Johanniskrautpräparate oder Yoga-Stunden auszugeben, selbst wenn Friedrike-Franziska dann meint, wenn schon Babysitter, könnte das doch Jonas aus der 10b machen, dann könnten sie auch gleich Mathe üben.

Nächsten Donnerstag wäre noch was frei für eine Yoga-Stunde.

7.

WIE SIE DEN ELTERNABEND WIEDER VERLASSEN

Wann und wie man einen Elternabend wieder verlässt, hängt von verschiedenen Faktoren ab. Idealerweise endet der Elternabend, wenn der Veranstalter lächelnd seine Papiere zusammenpackt, allen noch einen schönen Abend wünscht und jemand anderen als Sie damit beauftragt, das Protokoll des Abends oder den neuen Termin oder eine Zahlungsaufforderung per E-Mail an alle Teilnehmer zu schicken. Je nachdem, ob Sie mit diesen mehr gemeinsam haben als das Elternsein, kann sich noch ein gemütlicher Umtrunk in einer nahe gelegenen Kneipe anschließen. Inklusive Manöverkritik.

Aber das Leben besteht nicht nur aus idealen Szenarios, und das Elternleben schon gar nicht. Es lohnt sich in jedem Fall, vorher darüber nachzudenken, wie Sie den Elternabend verlassen, wenn es nicht ideal läuft. Folgende Fälle könnten eintreten:

1. Sie selbst oder eine Sache, für die Sie eintreten, werden beleidigt, und Sie erachten es für notwendig, den Elternabend unter Protest zu verlassen.

In diesem Fall ist es sehr wichtig, dass alle Anwesenden merken, dass Sie gehen und dass Sie unter Protest gehen. Möglicherweise war Ihnen schon im Vorhinein bewusst, dass der Abend in diese Richtung verlaufen könnte, und Sie haben sich einen strategisch günstigen Platz in einer vorderen Reihe gesucht. Wenn Sie aus der letzten Reihe aufstehen und gehen, kriegt das am Ende kaum jemand mit.

Sollte sich die Notwendigkeit, unter Protest zu gehen, überraschend ergeben, müssen Sie anderweitig für Aufmerksamkeit sorgen. Infrage kommt ein heftiges Zurückschieben des Stuhls – sollte er dabei umfallen – umso besser! – oder auch das energische Ablegen (Auf-die-Tischplatte-Knallen) einer Hand- oder Aktentasche, wenn Sie eine dabei haben. In jedem Fall empfiehlt sich ein verbales Signal. Sätze wie »Also, jetzt reicht es mir endgültig!« – »Unglaublich, was hier abläuft!« oder »Das muss ich mir nicht bieten lassen!« können Sie auch zu Hause vor dem Spiegel üben. Vor allem wenn der Elternabend als Folge eines länger schriftlich oder im Internet geführten Konflikts einberufen wurde, ist das von Vorteil.

Für welchen Abgang Sie sich auch entscheiden, verlassen Sie auf keinen Fall sofort das Gelände. Es genügt, dass sie den Raum verlassen. Es kann für Ihre Position hilfreich sein, wenn Sie die Reaktionen der Gruppe, die Sie gerade verlassen haben, durch die – selbstverständlich lautstark geschlossene – Tür mitbekommen.

Bleiben Sie aber auch nicht zu nahe an der Tür stehen. Es könnte immerhin sein, dass sich andere Ihnen anschließen und ebenfalls unter Protest die Veranstaltung verlassen, und es wirkt wenig souverän, wenn diese Sie lauschend vor der Tür vorfinden.

Wenn die Örtlichkeiten es erlauben, lehnen Sie in einer solchen Situation am besten gegenüber der Tür an der Wand und tippen Sie auf Ihrem Smartphone herum. DAS wirkt immer souverän.

2. Sie erhalten eine Nachricht von zu Hause, die es nötig macht, den Elternabend sofort zu verlassen.

Im Unterschied zu dem oben geschilderten Fall sollten Sie dabei so wenig wie möglich auf sich aufmerksam machen, aus dem einfachen Grund, dass dem Veranstalter bewusst werden könnte, wie viele Termine er Ihnen noch sagen muss, die Sie sich auf die Schnelle und in der Nervosität sowieso nicht merken würden. Da ist es für beide Seiten angenehmer, wenn Sie sagen können: »Entschuldigen Sie, ich wusste nicht, dass heute Wandertag ist und Luisa 50 Euro dabeihaben sollte, ich musste beim Elternabend früher gehen.«

Wenn Sie schon vorher wissen, dass Sie früher werden gehen müssen, gibt es zwei Möglichkeiten. Die höfliche ist, Sie gehen vor Beginn des Elternabends auf den Veranstalter zu und sagen, dass Sie früher gehen müssen. Dann kriegen Sie alle Blätter, die Sie unterschreiben/zur Kenntnis nehmen/an Ihre Kinder weiterreichen müssen, auf einmal in die Hand gedrückt, ohne die hilfreichen Erläuterungen, die später folgen werden. Mit etwas Pech rücken Sie noch in den Mittelpunkt der Aufmerksamkeit, wenn der Veranstalter wiederholt darauf hinweist, dass »wir das hier jetzt vorziehen müssen, weil Frau XY früher gehen muss«. Von allen Seiten werden Sie die Blicke Ihrer Mitgefangenen treffen, die auch gerne früher gehen würden und nur nicht geistesgegenwärtig genug waren, es zu behaupten.

Die unhöfliche Möglichkeit besteht darin, sich unter geflüsterten Entschuldigungen zu erheben und den Raum rasch und ohne Blickkontakt mit dem Veranstalter zu verlassen. Absolut ideal sind zum Beispiel kurze Videovorführungen vom Auftritt der Tanzgruppe beim Sommerfest. Merken Sie sich: Keine Blicke = keine Blätter.

3. Der gesamte Elternabend wird aus irgendeinem Grund vorzeitig beendet.

So etwas wird selten passieren, aber wenn es passiert, werden Sie noch Jahre später davon erzählen.

Vielleicht ist einem Teilnehmer schlecht geworden, es gab eine Bombendrohung, oder ein aggressiver Wespenschwarm findet seinen Weg durch ein geöffnetes Fenster in den Raum. Sollte es ein Schulelternabend sein, der auf diese Weise vorzeitig beendet wird, kommen unter Umständen Erinnerungen hoch. An Feueralarme vor beängstigenden Mathearbeiten zum Beispiel, und Sie werden sich umschauen nach demjenigen unter den Mit-Eltern, der tapfer genug war, zu diesem altbewährten Mittel der Unterbrechung zu greifen. Es gibt noch Helden unter uns!

KAPITEL II

DER VERANSTALTER DES ELTERNABENDS

Elternabend ist nicht gleich Elternabend. Grundschule ist nicht gleich Handballverein, und ob der Pfarrer Ihrer Ortsgemeinde oder der Direktor des bilingualen Gymnasiums einlädt, ist ein himmelweiter Unterschied. Im Folgenden wird es darum gehen ...

8.

WIE SIE DIE VERSCHIEDENEN VERANSTALTER-TYPEN AUSEINANDERHALTEN UND WARUM DAS WICHTIG IST

Wer zum Elternabend einlädt, steht auf der Einladung. Meistens. Mit welchem Typ Veranstalter Sie es zu tun bekommen werden, steht nicht darauf, das müssen Sie selbst herausfinden, und zwar so schnell wie möglich. Es nützt Ihnen nicht viel, dass Sie den Namen, das Geschlecht und die Position des Veranstalters wissen, wenn Sie nicht verstehen, was für ein Typ er oder sie ist. Unterschätzen Sie dieses Thema nicht! Der Erfolg Ihres Sohnes bei den Olympischen Spielen könnte davon abhängen.

Veranstalter eines Elternabends kann man mit Dirigenten vergleichen. Oder mit Raubtierdompteuren. Ein begabter und erfahrener Elternabend-Organisator kann eine willkürlich zusammengewürfelte Gruppe Eltern zu spirituellen Höchstleistungen führen. Er kann erreichen, dass Sie mit 30 Jahren Verspätung die binomischen Formeln verstehen, sich mit anderen Erwachsenen im Kreis auf den Boden um eine Kerze herum setzen und »Ommmm« sagen oder sich gar freiwillig bereit erklären, beim Sommerfest den Grill zu beaufsichtigen.

Mit Schürze! Er kann termingeplagte Vorstandvorsitzende dazu bringen, für den Schulelternbeirat zu kandidieren, und Prada-gewandete Karrieremütter, einen Ausflug der ersten Klasse auf den Barfußpfad zu begleiten. Er erreicht, dass zu einem Thema tatsächlich Fragen gestellt und sogar beantwortet werden. Er ist ein Maestro seines Fachs.

Aber nur, wenn er – wie gesagt – sehr begabt und erfahren ist. Fallen Sie einem solchen Veranstalter in die Hände, werden Sie sich fühlen wie bei einem Tango mit einem argentinischen Profi. Sie haben vielleicht keine Ahnung, wie Sie Ihre Füße setzen sollen, aber er zeigt es Ihnen allein durch seine Mimik und Gestik, und ehe Sie sich versehen, tanzen Sie nach seiner Pfeife und kandidieren für die Klassenelternsprecherwahl. Und es wird ihnen noch nicht einmal leidtun. (Später schon, wenn der Rausch nachlässt.)

In allen anderen Fällen – also fast immer – werden Sie sehr aufpassen müssen, was Sie tun und sagen. Sie werden die Hälfte der Zeit nicht verstehen, was das Ziel des Abends ist und wie es erreicht werden soll. Sie werden sich manipuliert fühlen oder in Versuchung geraten, andere zu manipulieren. Sie werden frustriert und schimpfend nach Hause kommen und einen Cognac brauchen und noch nicht einmal genau wissen warum.

Um solche Situationen zu vermeiden, ist es wichtig, sich über die verschiedenen Veranstalter-Typen im Klaren zu sein, sie zu erkennen und richtig auf sie zu reagieren. Denken Sie daran, nur weil der da vorne auf dem Einladungsschreiben als Veranstalter erscheint, heißt das noch lange nicht, dass er weiß, was er tut.

ALLGEMEIN LÄSST SICH SAGEN, DASS ELTERNABENDE
EINE DOMÄNE DER GLEICHBERECHTIGUNG SIND.

9

WIE SIE DEN GROSSORGANISATOR ERKENNEN
(TRITT AUCH ALS DIE GROSSORGANISATORIN AUF).

Allgemein lässt sich sagen, dass Elternabende eine Domäne der Gleichberechtigung sind.

Wer vorne steht, hat das Sagen, unabhängig von Herkunft, Geschlecht, Hautfarbe und bevorzugter Automarke. Deshalb gelten alle im Folgenden verwendeten geschlechtsspezifischen Substantive wie »der Veranstalter« oder »die Klassenlehrerin« immer auch für sämtliche anderen infrage kommenden Geschlechter.

Im Übrigen muss an dieser Stelle noch auf eine ganz andere Situation eingegangen werden, nämlich wie Sie damit umgehen können, wenn Sie selbst der Veranstalter sind. Auch Personen, die aufgrund ihrer Elternschaft als Teilnehmer Elternabenden ausgeliefert sind, können aufgrund ihrer beruflichen Tätigkeit in die Lage geraten, welche zu veranstalten.

Wenn Sie sich in den folgenden Kapiteln über die unterschiedlichen Veranstalter-Typen als ein solcher wiedererkennen, zögern Sie nicht, sich davon zu distanzieren. Die Teilnehmer haben ja keine Ahnung, wie anstrengend und anspruchsvoll es ist, einen Elternabend zu organisieren.

Wenn Sie regelmäßig Elternabende veranstalten müssen, wollen oder es einfach tun, blättern Sie also getrost gleich weiter zum Kapitel »Teilnehmer-Typen«.

Der Großorganisator eines Elternabends überlässt nichts, aber auch gar nichts dem Zufall. Er legt eine Sitzordnung fest und bereitet Namensschilder vor. Sollte eine Wahl anstehen, hält er Stimmzettel bereit, die in ganz harten Fällen einen Stempel der

Schule tragen (solche Fälle sind meistens eine Schule). Die Tagesordnung hat er selbstverständlich bereits an alle Teilnehmer verschickt und sich per Rücklaufzettel bestätigen lassen, dass alle sie gelesen haben. Eventuell steht sie jetzt auf einer Tafel oder einem Flipchart, oder sie liegt den Teilnehmern ausgedruckt an ihren Plätzen vor.

Der Groß-Organisator organisiert alles, was sich bewegt.

Schon der erwähnte Rücklaufzettel erlaubt Ihnen als Teilnehmer Rückschlüsse auf den Veranstalter. Eine grobe Faustregel lautet: Je mehr Sie auf einem Rücklaufzettel ankreuzen oder eintragen können, umso größer ist die Wahrscheinlichkeit, dass Sie beim Elternabend einem Groß-Organisator begegnen werden. Ein Musterexemplar eines solchen Rücklaufzettels könnte folgendermaßen aussehen:

Vom bevorstehenden Elternabend am 01.05. 2025 habe ich Kenntnis genommen
- ☐ Ja
- ☐ Nein
- ☐ Weiß nicht

Ich werde an dem Elternabend teilnehmen
- ☐ Ja
- ☐ Nein (Bitte Grund der Nichtteilnahme angeben!
  _____)
- ☐ Vielleicht

Ich komme mit _____ Personen, davon _____ Kindern

Die Tagesordnung habe ich zur Kenntnis genommen
- ☐ Ja
- ☐ Nein

Ich habe folgende Ergänzungsvorschläge zur Tagesordnung:
-
-
-

Ich stehe für ein Wahlamt zur Verfügung
☐ Ja

Ich bin damit einverstanden, dass meine Daten anderen Eltern mitgeteilt werden zwecks Mitteilungen über Veranstaltungen, die die Elterngemeinschaft betreffen
☐ Ja
☐ Nein

☐ eingeschränkt (ich bin damit einverstanden, dass nur meine Telefonnummer, nur meine Anschrift, nur meine E-Mail-Adresse, nur meine Handynummer, nur meine Schuhgröße mitgeteilt werden. Zutreffendes bitte unter-, nicht Zutreffendes bitte durchstreichen)

Ich habe die AGB gelesen und stimme der Verwendung von Cookies zu.
☐ Ja
☐ Nein

Sie haben als Teilnehmer wenig Möglichkeiten, sich dem Zugriff des Groß-Organisators zu entziehen. Warum sollten Sie auch? Lehnen Sie sich zurück und schauen Sie ihm oder ihr beim Organisieren zu. Gefährlich wird es nur, wenn Organisation delegiert werden soll. Mit anderen Worten, wenn Sie dazu gebracht werden sollen, etwas zu organisieren. Dann ist der Moment gekommen, in dem Sie mit einem strahlenden Lächeln sagen sollten:

»Sie organisieren alles so fabelhaft. Ich wünschte, die Frau XY in der 3. Klasse bekäme das auch so gut hin. Bei ihr dauern die Elternabende immer viel länger und sind ziemlich chaotisch.«

· Dann können Sie sich wieder zurücklehnen und Frau XY bedauern. Ihr steht eine unerfreuliche Begegnung mit dem Kollegen Groß-Organisator morgen im Lehrerzimmer bevor.

10.

WIE SIE DIE ÜBERFORDERTE ERKENNEN (TRITT AUCH ALS DER ÜBERFORDERTE AUF)

Auch in unseren modern-gleichberechtigten Zeiten halten sich einige Unterschiede zwischen den Geschlechtern hartnäckig. Zum Beispiel die Art und Weise, wie auf überfordernde Situationen reagiert wird. Wir Frauen neigen eher dazu, die Schuld bei uns zu suchen, Männer suchen sie bei der Regierung. Wenn also eine Frau mit der Leitung eines Elternabends überfordert ist, wird sie um Verständnis bei den Teilnehmern flehen. Ein Mann beschimpft den Kultusminister.

Dieser kleine, aber feine Unterschied verändert die Gesamtsituation aber nur unwesentlich, wenn Sie als Teilnehmer eines Elternabends mit dem Veranstalter-Typ der/die Überforderte konfrontiert werden. Es wird in jedem Fall anstrengend werden. Für alle.

Sie erkennen diesen Typ an der Fülle der ihn umgebenden Papiere und seiner/ihrer frappierenden Unfähigkeit, diese zu kontrollieren. Zu Beginn des Elternabends liegen sie vielleicht noch als wohlgeordneter Stapel auf einem Tisch, spätestens nach der Hälfte der Zeit werden sie sich aber über die Hälfte des Raumes, diverse Taschen und Schnellhefter sowie die Teilnehmer verteilt und dabei jede Nummerierung und Reihenfolge, die ihnen ursprünglich eigen war, verloren haben.

Der Überforderte wird wahrscheinlich diese oder ähnliche Fragen an Sie richten:

»Haben Sie alle Blatt 3 bekommen?«

»Haben Sie den Zettel mit der Bankverbindung? Legen Sie den bitte ganz nach oben, damit Sie ihn nicht verlieren. Wenn Sie ihn schon verloren haben, habe ich hier noch mehr davon.«

»Hat einer von Ihnen vielleicht das Original der Teilnehmerliste? Da steht mit Kugelschreiber ›Nicht austeilen!‹ drauf.«

Unter Papiergeraschel durchstöbern alle Teilnehmer den vor ihnen liegenden Blätterhaufen. Es hört sich an wie ein Spaziergang im Herbstwald. Bis Sie Blatt 3 gefunden haben, sind die Blätter 1 und 2 bereits zu Humus zerfallen. Die Zeit vergeht, und der Elternabend zieht sich in die Länge. Im schlimmsten Fall ist es Mitternacht, bis Sie – beladen mit Papieren – nach Hause kommen.

Aber nicht nur am desintegrierenden Papierstapel erkennen sie den Veranstalter-Typ des Überforderten, schon bei der Begrüßung zeigen sich oft deutliche Symptome.

»Ja, ich weiß nicht, ob schon alle da sind. Vielleicht warten wir lieber noch ein bisschen. Wir können natürlich auch schon anfangen, damit es vorangeht. Ich weiß nicht, was meinen Sie?«

Der Überforderte ist nicht deshalb überfordert, weil er zu viel zu tun hat, sondern weil er zu wenig delegiert. Mit dieser Binsenweisheit sind Sie als Eltern vielleicht schon vertraut, vor allem, wenn Sie mehrere Kinder haben. Sie wird Ihnen mit entnervender Gelassenheit von Menschen präsentiert werden, die nie überfordert sind, weil sie keine Kinder haben. Die überforderte Lehrkraft vor der Elternversammlung sollte unsere geheime Verbündete sein. So, wie sie jetzt dasteht, mit hilflos geöffneten Händen und stammelt »Ich hab den Überblick verloren«, haben wir als Eltern auch schon da gestanden. Zum Beispiel als die Schüssel Schlagsahne auf den Teppich fiel, das Baby schrie und das Telefon klingelte. Nur waren da keine 30 Erwachsenen anwesend, die genüsslich abwarteten, was wir jetzt tun würden.

Wir sollten also Mitleid und Verständnis empfinden.

Empfinden, ja, aber auf keinen Fall äußern. Tun Sie das und noch bevor Sie »Kultusministerium« sagen können, haben SIE die Leitung des Elternabends am Hals, die Papiere in den Händen und die Verantwortung für die abgebliebene Teilnehmerliste. Also beten Sie meinetwegen ein Vaterunser für den armen Veranstalter, aber warten Sie ansonsten genüsslich ab, was er jetzt tun wird.

Vollends verloren ist die Überforderte an Wahlelternabenden. Daran, wer wie viele Stimmen hat, je nachdem, ob beide Eltern eines Kindes anwesend sind, wie Patchwork-Familien zu behandeln sind und ob geheim oder offen gewählt werden kann, soll oder muss, scheitern auch souveräne Veranstalter eines Elternabends. Wahlelternabende, die von Überforderten geleitet werden, sind selten vor 23 Uhr zu Ende.

Auch ohne anstehende Wahlen kann ein von einem überforderten Veranstalter geleiteter Elternabend sehr anstrengend werden, wenn nämlich Entscheidungen getroffen werden müssen. Vielleicht wissen Sie schon aus den Erzählungen Ihrer Kinder, was Sie erwartet. Die Klassenlehrerin brauchte vielleicht eine ganze Doppelstunde, die eigentlich für Englisch gedacht gewesen war, um vorschlagen, abstimmen und letztlich entscheiden zu lassen, wann der Adventsbasar der Klasse stattfinden sollte oder ob und wenn ja, wie, dieses Jahr »gewichtelt« wird. Ihre Kinder kamen erschöpft nach Hause und äußerten Sehnsucht nach einer autoritären Lehrkraft, die im Vorkriegsmodus mit dem Zeigestock auf das Pult schlägt und sagt: »So wird's gemacht!«

Überforderte Veranstalter sind meistens weit von diesem Modus entfernt. Sie sind nett, politisch eher links orientiert und überzeugte Demokraten. Sie denken nicht im Traum daran, autoritär zu entscheiden. Sie pflegen den Diskurs mit den Teilnehmern, um durch Austausch von Argumenten und Positionen gemeinsam zu einer Entscheidung zu kommen. Erst wenn alles von jedem mindestens einmal gesagt wurde, lassen Sie einen entscheidungsfindenden Prozess zu, meistens eine Abstimmung. Und verzählen sich dann mehrmals, vergessen die Enthaltungen und lassen noch mal abstimmen.

Fürchten Sie sich vor Fragen wie: »Vielleicht möchte einer von Ihnen dazu etwas sagen, bevor wir abstimmen?« Fürchten Sie sich sehr! Unter den anwesenden Eltern wird immer jemand sein, der schon lange mal etwas sagen wollte. Vielleicht nicht unbedingt zum Thema, aber das musste mal gesagt werden. Der überforderte Veranstalter wird den verhinderten Lokalpolitiker (siehe dort) nicht daran hindern, seine Wahlkampfrede auf dem Elternabend zu halten. Damit ist er überfordert. Er ist ja schließlich kein Politiker.

Der überforderte Veranstalter ist uns allen näher, als wir glauben (möchten). Er ist wie wir, wenn wir plötzlich einen Elternabend halten sollten. Mit einem Unterschied: Er gibt es zu. Das sollten wir uns vor Augen halten, wenn unser Blutdruck beim 34. »Vielleicht sollten wir ...« in die Höhe schnellt. Der überforderte Veranstalter mag konfus, anstrengend oder hysterisch sein, aber er ist ehrlich. Wenn er es zu uns ist, wird er es auch zu unseren Kindern sein, und das ist nicht die schlechteste Basis für ein vertrauensvolles Verhältnis zwischen unseren Sprösslingen und diesem fremden Menschen, der viel Zeit mit ihnen verbringt. Manchmal pro Tag mehr als wir Eltern.

11.

WIE SIE DEN ICH-MACH-DAS-HIER-ZUM-ERSTEN-MAL ENTLARVEN

In der »second reality«, die der guten alten ersten Realität inzwischen erfolgreich Konkurrenz macht, also im Internet oder in Videospielen, nennt man einen blutigen Anfänger einen Newbie oder Rookie. So jemand kann für sich in Anspruch nehmen, dass man seine Fehler und seine Tollpatschigkeit weniger streng bewertet als bei einem erfahrenen Mitstreiter.

In der »third reality« der Elternabende gibt es natürlich auch Newbies und Rookies, die genauso wenig Ahnung davon haben, was von ihnen erwartet wird, wie die teilnehmenden Eltern. Der nervösen Referendarin, die den Elternabend für den Sportunterricht leiten soll, sehen wir es gerne nach, dass ihr die Tennisbälle aus den Armen fallen, als sie eine Übung demonstrieren will. Und der bleiche junge Kaplan, der die ungute Nachricht an die Eltern verkündigen darf, dass die Erstkommunionunterrichtsabschlussfahrt (wer denkt sich solche Wörter aus? Wahrscheinlich derselbe, der »Diözesanvermögensverwaltungsratsvorsitzender« verbrochen hat!) doppelt so teuer wird wie vorgesehen, darf sich unserer herablassenden Sympathie auch sicher sein.

Daneben gibt es aber das Phänomen des »ewigen Rookies«, und ihm bringen wir als Eltern sehr viel weniger Verständnis entgegen. Er hat es sich nämlich zur Gewohnheit gemacht, jeden Mangel an Disziplin, jede schlampige Vorbereitung und schlichte Faulheit seinerseits mit seinem Mangel an Erfahrung zu begründen.

Ich-mach-das-hier-zum-ersten-Mal begreift den Elternabend als lästige Pflichtübung. Eigentlich ist er für unsere Kinder da, belehrt sie, spielt mit ihnen, unterrichtet sie, ergötzt sich an ihrer Bewunderung und kritiklosen Zustimmung zu allem, was er sagt, tut oder lässt. Mit den Eltern dieser Kinder will Ich-mach-das-hier-zum-ersten-Mal eigentlich gar nichts zu tun haben.

Muss sie aber, denn jetzt ist Elternabend. Um den so schnell wie möglich hinter sich zu bringen, schützt Ich-mach-das-hier-zum-ersten-Mal ständige Hilflosigkeit vor. »Wie machen Sie das denn sonst in dieser Klasse, helfen Sie mir doch mal!«, sagt sie und lächelt kokett in die Runde. »Ich mach das hier nämlich zum ersten Mal.«

Es finden sich immer gutmütige Teilnehmer, die ihr die Arbeit abnehmen, eine Tagesordnung aus dem Ärmel schütteln, das Suchen nach Adressen und Informationen übernehmen (ist ja auch eine gute Gelegenheit, das neue iPhone vorzuführen) und sich bereit erklären, das Sommerfest vorzubereiten. WIR machen das nämlich nicht zum ersten Mal.

Der erfahrene Ich-mach-das-hier-zum-ersten-Mal hat nichts mitgebracht, nicht einmal einen Stift. Den leiht er sich von Ihnen. Wenn Sie Pech haben, schlägt er hinterher noch vor, in der Kneipe gegenüber einen trinken zu gehen, weil es doch so ein großartiger Elternabend war und Sie ihm so geholfen haben. Das Geld für das Bier leiht er sich dann auch von Ihnen.

In der Schule ist eine Karriere als »ewiger Rookie« schwierig, weil irgendwann auch die neu zugezogenen Eltern wissen, dass kein Referendar vor ihnen steht, sondern die stellvertretende Schulleiterin. Am einfachsten haben es die oben erwähnten Kapläne, denn nur sehr, sehr selten fällt ein Kind bei der Erstkommunion durch und muss den Kurs wiederholen. Ihnen können nur Familien mit mehreren Kindern gefährlich werden, und die werden ja auch unter Katholiken immer seltener.

Achten Sie auf die Gesichtsfarbe. Ein hochroter Kopf, zitternde Hände und verworrene Satzstrukturen weisen auf einen »echten Rookie« hin. Wer jedoch mit strahlendem Lächeln vor Sie hin tritt, sich als Ich-mach-das-hier-zum-ersten-Mal vorstellt und nach Ihrem Kugelschreiber schielt, dem können Sie getrost antworten: »Und zum letzten.«

12.

WIE SIE DEM ICH-HAB-EIN-KLEINES-SPIEL-ZUM-KENNENLERNEN-VORBEREITET-TYP UNAUFFÄLLIG ENTKOMMEN

Kaum ein Elternabend kommt heute noch ohne Entertainment aus. Innovativ und interaktiv muss er sein, auch wenn er dann weniger informativ ist. Um dieses Ziel zu erreichen, stehen dem Veranstalter mehrere Möglichkeiten offen.

Welche auch immer er wählt, am Beginn der Interaktion steht in jedem Fall einer, der bestimmt, wo's langgeht. Damit ist es mit dem »inter« (lateinisch für »zwischen«, was mindestens zwei aktive Teilnehmer erfordert) im Grunde auch schon wieder vorbei. Wir nennen diesen Typ Veranstalter den Ich-hab-ein-kleines-Spiel-zum-Kennenlernen-vorbereitet-Typ oder schlicht Animateur (den geschlechtergerechten Begriff »Animateuse« möchte ich lieber vermeiden).

Schulelternabende greifen gerne auf dieselben Methoden zurück, denen auch die Kinder ausgeliefert sind. Zum Beispiel Gruppenarbeit. Der Animateur eröffnet Ihnen in diesem Fall strahlend, dass er weder Kosten noch Mühen gescheut hat, den Elternabend zu einem spannenden und nachhaltig beeindruckenden Erlebnis zu machen. »Wir wollen mal etwas Neues ausprobieren anstatt der langweiligen traditionellen Elternabende, wo Sie nur zuhören und ich nur rede.«

Nein, eigentlich wollen wir das nicht so gerne, aber der Animateur kennt kein Erbarmen. Immer noch strahlend, aber keinerlei Wärme verbreitend – wie eine moderne, EU-bürokratisch-korrekte Glühbirne –, fordert er die Teilnehmer auf, sich in Gruppen zusammenzusetzen und über irgendetwas zu reden. »Die Ergebnisse tragen wir dann anschließend im Plenum zusammen.« Spricht's, lehnt sich gemütlich zurück und fängt an, auf seinem Smartphone herumzutippen. Ihnen dämmert, warum Ihr Kind den Unterricht in seinem Fach hasst.

Aber die Gruppenarbeit ist noch leicht zu ertragen verglichen mit dem kleinen-Spiel-zum-Kennenlernen. Vor allem bei thematisch geprägten Elternabenden – etwa die zur Suchtproblematik in der Schule – oder in Kirchengemeinden wuchert diese Methode wie Schimmel in einem ungelüfteten Badezimmer. Und sie ist genauso peinlich.

Ob es nun darum geht, dass Sie sich gegenseitig Bälle zuwerfen und dabei Ihren Namen und den Ihres Kindes sagen, Erwartungen auf Zettel schreiben und neben eine Kerze legen oder in einer Polonaise zu Helene Fischers *Atemlos* durch den Raum rennen, diese Spielchen haben eines gemeinsam: Sie verwandeln Sie von einem Erziehungsberechtigten, der Informationen erwartet, die sein Kind betreffen, in ein ebensolches. Sollen wir nicht alle werden wie die Kinder, um ins Himmelreich zu kommen?

Vor das Himmelreich haben die Götter den Elternabend gesetzt, und nachdem Sie sich als Teilnehmer 20 Minuten wie die

Kinder verhalten haben, werden Sie anschließend zwei Stunden lang wie Kinder behandelt. Dahinter steckt durchaus eine Absicht.

Der gut meinende Animateur möchte wirklich einfach nur Distanz abbauen. Sie sollen sich wohlfühlen auf seinem Elternabend und entspannt und zustimmungsfreudig seinen Ausführungen lauschen.

Der weniger gut meinende Animateur möchte auch einfach nur Distanz abbauen. Sie sollen sich wohlfühlen auf seinem Elternabend und entspannt und zustimmungsfreudig seinen Ausführungen lauschen und keine kritischen Fragen stellen.

Aus Kevins Vater, der die genannten Kosten der Klassenfahrt flink auf seinem Smartphone addiert und dann fragt, warum es unbedingt Paris sein muss, soll eine XXL-Ausgabe von Kevin werden, die sich auf Disneyland freut.

Es ist gar nicht so einfach, dem Gruppendruck zu entkommen, den der Animateur erzeugt. Man möchte ja auch nicht als Spielverderber dastehen. So wie früher in der Schule. Es wird Ihnen aber nichts anderes übrig bleiben. Entweder Sie lassen sich mitfangen und mithängen oder Sie ruinieren Ihren Ruf in dieser Elterngemeinschaft mit einem einzigen »Da mach ich aber nicht mit« für immer und ewig, genauso wie Ihre Chancen auf das Himmelreich. Um dem Ich-hab-ein-kleines-Spiel-zum-Kennenlernen-vorbereitet-Typ zu entkommen, gibt es keinen einfachen und sozial verträglichen Weg. Außer Sie hängen sich schon vor dem Elternabend gut sichtbar ein Schild um mit der Aufschrift: *Ich bin Sozialphobiker und durch psychiatrisches Attest von der Teilnahme an Kennenlern-Spielchen befreit.*

Genau wie früher in der Schule eben.

13

WIE SIE DEN ELTERNABEND IM KRABBELKREIS ÜBERLEBEN

Der Elternabend im Krabbelkreis wird möglicherweise Ihr erster Elternabend sein, und da er einer der wenigen Elternabende sein kann, bei dem eines oder mehrere Kinder anwesend sind, verläuft er unter Umständen nach einer eigenen Choreografie.

Der erfahrene Veranstalter sorgt für eine Spielecke, in der die mitgebrachten Kinder herumkriechen – tatsächlich krabbeln tun erfahrungsgemäß nur zwei oder drei der Kinder im »Krabbelalter« – und sich mit allerlei kindgerechtem Spielzeug beschäftigen können. Alle fünf Minuten springt ein Vater oder eine Mutter auf und entreißt ihrem Kind eines dieser Spielzeuge, das sich als doch nicht ganz so kindgerecht entpuppt hat und in verschluckbare Kleinteile auseinandergefallen ist. Manchmal entreißen sich die Kinder die Spielzeuge auch gegenseitig, und für eine Weile ertrinkt jeder Versuch einer erwachsenen Stimme, sich verständlich zu machen, im spontanen Gebrüll der Kinderstimmen.

Eigentlich könnten Elternabende im Krabbelkreis den Kindern die Leitung der Veranstaltung gleich ganz überlassen. Die Eltern erleben die Realität des Krabbelkreises unmittelbar und akzeptieren leichter, dass die ihnen auf einem Handzettel mitgeteilte Theorie – gemeinsames Frühstück, fröhliches Lieder-Singen, bei gutem Wetter Spielen im Garten – in der Praxis ebenso auseinanderfallen wird wie das kindgerechte Spielzeug.

Wenn Sie zu den Eltern gehören, die mangels Babysitter oder aus übertriebenem Brutpflegeinstinkt Ihr Kind mitbringen, können Sie dem Geschrei aus der Spielecke vorbeugen, indem Sie selber für die Bespaßung Ihres Kindes sorgen. Bringen Sie sein Lieblingsspielzeug mit oder noch besser was zu essen. Das Kind wird auf diese Weise schon früh daran gewöhnt, bei geschäftlichen Besprechungen Snacks und Getränke zu erwarten. Und genau wie bei geschäftlichen Besprechungen wird so die Aufmerksamkeit vom eigentlichen Thema abgelenkt und die kritische Durchdringung erschwert oder sogar verhindert. Nicht umsonst wurden schon bei Friedensverhandlungen unter rivalisierenden Jäger- und Sammlerstämmen Genussmittel zum Essen oder Rauchen gereicht.

Dieser individuelle Versuch, den Geräuschpegel im Raum innerhalb gesprächsverträglicher Grenzen zu halten, kann allerdings leicht dadurch torpediert werden, dass die oben genannte Spielecke nicht vom Rest des Raumes abgegrenzt ist. In Zeiten des freien Reiseverkehrs sind Grenzen derartig unpopulär geworden, dass sie fast nur noch auf Elternabenden geduldet werden, die diesem Thema gewidmet sind: Grenzen setzen. Meistens geht es dabei um die Gefahren des Missbrauchs in irgendeiner Form, und die Kinder sind dem Krabbelalter längst entwachsen. Das Krabbelalter fordert den grenzenlosen Schengen-Raum, und seien wir ehrlich: Was kostet mehr Nerven? Eine Viertelstunde Geschrei mit über 100 Dezibel oder ein Samstagnachmittag, an dem alle Steckdosen im Raum mit Kindersicherung ausgestattet und alle Kabel hinter Bücherregale verlegt werden?

Aus der frei zugänglichen Spielecke kann also durchaus ein Krabbelkind entkommen, auf ihr friedlich neben Ihnen auf der Krabbeldecke hockendes Kind zuwackeln und ihm das mitgebrachte Spielzeug – oder noch schlimmer, den Keks – entreißen. Zur Fortsetzung des Programms: Siehe oben.

Sie werden den Elternabend im Krabbelkreis trotzdem genießen, denn neben den Informationen über den Ablauf der Krabbelkreisstunden bietet er Ihnen Gelegenheit, Ihr Kind mit anderen zu vergleichen bzw. sich selbst mit anderen Eltern. Sollte Ihr Kind schon auf eigenen Füßen stehen und souverän über die tatsächlichen Krabbelkinder hinwegtrampeln, können Sie sich ebenso innerlich auf die Schulter klopfen, wie wenn ein flüchtiger Blick über die Garderobe der anwesenden Mit-Mütter Ihnen verrät, dass außer Ihnen es nur zwei geschafft haben, 18 Monate nach der Geburt wieder in Größe 38 zu passen. Gratulation!

Außerdem wird dieser Elternabend entweder wegen des anhaltenden Geschreis oder einfach wegen des Mangels an Informationen, die es zu einem Krabbelkreis geben kann, relativ schnell vorbei sein. Sie müssen vielleicht noch unterschreiben, dass und wogegen Ihr Kind geimpft ist und dass Sie es mit einer ansteckenden Erkrankung nicht in den Krabbelkreis bringen werden, und dann können Sie nach Hause … krabbeln.

14.

WIE SIE DEN ELTERNABEND IM KINDERGARTEN ÜBERLEBEN

Sobald Ihr Kind dem Krabbelkreis entwachsen ist und Sie einen Kindergartenplatz für es gefunden haben, ist es mit der entspannten Atmosphäre, den Kekskrümeln und vergleichenden Konfektionsgrößen auf Elternabenden vorbei. Jetzt ist Battle Front angesagt!

Man spaziert nicht einfach so in den Kindergarten hinein. Sie waren auf einem Schnuppernachmittag, Sie hatten ein Aufnahmegespräch mit der Leiterin, Sie haben die erste Woche hinter sich mit einem, je nach Alter und Temperament, weinenden Kind oder einer weinenden Mutter, und Sie haben sich an

KINDER MÖCHTEN NICHT DIE BESTEN AUF DER WELT SEIN.
KINDER MÖCHTEN DAS BESTE IHRER EIGENEN ELTERN SEIN.

die stundenlange Kinderlosigkeit gewöhnt. Nun steht der erste Elternabend im Kindergarten an.

Anders als beim Krabbelkreis wird es hier tatsächlich Informationen geben. Die Standardausrüstung für Elternabende – Kugelschreiber, Notizbuch, Einladungsschreiben, Smartphone – sollte schon mindestens 24 Stunden vor dem Elternabend bereit liegen. Sie laufen sonst Gefahr, vor lauter Nervosität eines dieser wichtigen Utensilien zu vergessen. Wahrscheinlich den Kugelschreiber.

Seien Sie rechtzeitig vor Ort. Als einer der Ersten oder noch besser als Allererster einzutreffen signalisiert Interesse an der Bildungseinrichtung des Kindes. Wenn Sie Glück haben, führt die Erzieherin Sie noch durch die Gruppenräume, bevor Sie in der Turnhalle auf einer niedrigen Bank Platz nehmen dürfen. So erhalten Sie einen Eindruck davon, was Ihr Kind meinte, als es sagte: »Ich bin bei den Regenwürmern, und wir stellen unsere Gummistiefel immer in die Toilette.«

Weil Kindergartenkinder in der Regel noch nicht lesen können, werden die Gruppen, denen die Kinder zugeordnet werden, mit Tier- oder Blumennamen versehen. Ähnlich wie bei Harry Potter orientieren sich die Kinder an Tierbildern und Farben, und ebenfalls ähnlich wie bei Harry Potter ist die eigene Gruppe die beste und die anderen von Natur aus böse. Besonders die Slytherins …äh, die Schlangengruppe.

Die nach und nach eintrudelnden Eltern verwenden diese Gruppennamen mit derselben Selbstverständlichkeit wie ihre Kinder. »Bei den Marienkäfern ist immer so ein Lärm.« – »Ich habe den Eindruck, die Glühwürmchen gehen häufiger raus.« – »Gestern ist Auriella schon wieder an den Haaren gezogen worden. War natürlich ein Elefant.«

War der Vergleich aus den Augenwinkeln unter Krabbelkreiseltern noch ein Austausch solidarischer Verbundenheit, so herrscht im Kindergarten das Gesetz des Dschungels. Haben Sie *Die Tribute von Panem* gelesen oder die Filme dazu gesehen? Sollten Sie tun. Die Autorin muss einige Kapitel auf Elternabenden in einem Kindergarten geschrieben haben.

Regel Nummer eins: Der Kindergarten ist der erste Ort, an dem Ihr Kind überhaupt verstanden wird. Sie als Eltern haben sowieso einen unrealistischen Blick auf Ihr Kind. Die Erzieherinnen legen über jedes Kind ein Portfolio an, dokumentieren jede Auffälligkeit und jeden Fortschritt. Sie wissen mehr über Ihr Kind als die Schufa über Sie. Sie haben auch viel mehr Erfahrung mit Kindern generell, also halten Sie den Mund, setzen Sie sich auf die niedrige Bank und hören Sie zu, was die Erzieherinnen Ihnen über Ihr Kind erzählen.

Regel Nummer zwei: Da der Kindergarten allmächtig und allwissend ist, hat eine Auflehnung gegen eine seiner Vertreterinnen nur Sinn, wenn Sie zu mehreren sind. Suchen Sie sich Verbündete! In der eigenen Gruppe werden Sie sie am leichtesten finden. Trainieren Sie Ihre mentalen Rückenmuskeln erst einmal in einer Auseinandersetzung mit anderen Eltern, dann mit anderen Gruppen, bevor Sie sich an die Kindergartenleitung wagen.

Für das Sparring mit anderen Eltern bietet sich die Ernährungsfrage an. Auf jedem Kindergarten-Elternabend ist sie Thema, und die wachsende Zahl muslimischer Kinder hat diesem Thema nur eine Randnotiz hinzugefügt. Wir Eltern konnten uns schon immer übers Essen aufregen.

Die Kinder sollen mehr frisches Obst essen. Aus der Region, vom Bauernladen. Aber der hat, wie Sie von Spaziergängen wissen, seine Felder direkt an der Autobahn. Also besser Tiefkühlobst. Aber das kommt mit dem Flugzeug aus Bolivien und hat eine ganz schlechte CO_2-Bilanz. Die Mutter von Adrienne-

Svetlana möchte einmal die Woche ein veganes Frühstück. Das ist die Gelegenheit, die Fructoseintoleranz Ihrer Tochter ins Spiel zu bringen. Der Vater auf der Bank gegenüber mischt sich ein. Sein Sohn hat Zöliakie, Vollkorn ist gar nichts für ihn. Da haben Sie schon mal einen potenziellen Verbündeten gegen die Veganerin.

Es geht gar nicht darum, was die Kinder schließlich essen. In den meisten Fällen wird es auf Apfelschnitze, Gurkenscheiben und Nutellabrötchen hinauslaufen, was in Verbindung mit den Fischstäbchen zum Mittagessen eine gesunde und abwechslungsreiche Ernährung ist. Es geht darum, Einflussbereiche abzustecken. Bisher waren Sie der Haupteinflussbereich, in dem Ihr Kind sich aufhielt. Jetzt kommen die Kinder dieser Eltern, die mit Ihnen in der Turnhalle sitzen, dazu und natürlich die Erzieherinnen. Um einen Überblick darüber zu bekommen, wer Ihrem Kind jetzt was vormacht, zeigt und erzählt, deshalb müssen Sie drei Stunden über die Zusammensetzung des Frühstücks im Kindergarten reden und streiten. Sie brauchen das, nicht Ihr Kind.

Die Erzieherinnen wissen das natürlich, so wie sie alles wissen. Sie klatschen in die Hände oder heben die linke Hand mit zusammengelegten Daumen und Zeigefinger, wie sie es in den Gruppen machen, wenn jemand still sein soll, und dann erzählen sie Ihnen etwas vom biodynamischen Apfelbauern, zu dem die Gruppen demnächst wandern werden, von selbst gezogenen Möhren aus dem Kindergarten-Garten, von Tischritualen (»Wir fassen uns alle an den Händen und sagen ›Guten Appetit‹!«, und jetzt wissen Sie auch, warum Lukas-Emmanuel neuerdings immer »Herr Schmitt!« ruft, wenn Sie beim Essen etwas Ähnliches sagen.) und vom gemeinsamen Aufräumen nach dem Frühstück. Wenn Sie annehmen, dass es zweimal die

Woche tatsächlich genauso abläuft, liegen Sie vermutlich richtig. An den übrigen Tagen wird irgendwas schiefgehen oder dazwischenkommen, und dann gibt es Apfelschnitze, Gurkenscheiben und Nutellabrötchen.

Der Verlust an Einfluss über Ihr Kind wird Ihnen noch zu schaffen machen und einen großen Teil der Elternabende prägen. Der Kindergarten will nämlich nicht nur bestimmen, was Ihr Kind isst, sondern auch, was es anzieht. »Bitte keine hellen Sachen, wenn wir auf die Wiese gehen.« Er macht Ihnen Vorschriften, wie Ihr Kind die Jahreszeiten erlebt. Frisch geschlüpfte Küken im Frühling, Laternenbasteln im November. Es bringt neue Wörter mit nach Hause, die Sie nie verwenden würden (»Der Egidius ist ein Aschenloch!«) und fängt an zu vergleichen. »Die anderen haben alle so Roller.«

Der Elternabend ist der Ort, an dem Sie sich dagegen zu wehren versuchen, an dem Sie darum ringen, die Deutungshoheit über Ihr Kind zurückzugewinnen. Mit dem Satz »Zu Hause ist sie ganz anders« offenbaren Sie aber nur, was die Erzieherinnen schon längst wissen: Ihr Kind tut die ersten Schritte ins Erwachsenwerden. Es kann bereits unterscheiden, wie es sich wo verhalten kann. Das ist eine wichtige Kulturtechnik, die es spätestens beim ersten Vorstellungsgespräch brauchen wird. Also nehmen Sie es sich nicht zu sehr zu Herzen, wenn Elternabende im Kindergarten emotionaler und kontroverser ablaufen als früher im Krabbelkreis und später in der Schule. Auch Sie tun gerade die ersten Schritte ins Erwachsenwerden Ihrer Kinder.

15

WIE SIE DEN ELTERNABEND IN DER GRUNDSCHULE ÜBERLEBEN

Die Grundschule als Veranstalter von Elternabenden ist sozusagen der Breitensport des Genres. Nirgendwo werden mehr Elternabende veranstaltet. Nirgendwo werden Sie mehr Eltern so häufig treffen und sie sogar auf der Straße wiedererkennen.

Das liegt vor allem am Alter der Kinder. Sie haben den Kindergarten überstanden und Ihre Kinder auch. Weder Sie noch ihr Kind glauben noch ernsthaft, dass jeder Schritt, den es tut, und jeder Bissen, den es zu sich nimmt, der elterlichen Bestätigung bedürfen. Aber noch sind Sohn oder Tochter nicht alt genug, den gesamten Schulalltag in Eigenregie zu gestalten, daher sind regelmäßige Kontakte zwischen Schule und Eltern weiterhin notwendig.

Elternabende sind nur eine Form, die dieses Kontaktbedürfnis annimmt. Elternsprechtage, Sommerfeste, Wandertage, Adventsbasare, Sportfeste, Grillfeste, Theaterabende, Eltern-Stammtische sind weitere Möglichkeiten, die es zu überleben gilt. Sie alle werden auf Elternabenden besprochen, insofern ist dieser doch die Königsdisziplin der ménage à trois, Eltern, Kind, Schule.

Im Vergleich zum Kindergarten sind die Stühle, auf denen Sie während des Elternabends sitzen, etwas größer geworden – wenn auch immer noch nicht groß genug für Ihre 1,85 Meter – und auch die teilnehmenden Eltern sind etwas erwachsener geworden. Man wittert nicht mehr in jedem Gegenüber einen potenziellen Gegner und ist generell etwas entspannter im Umgang mit anderen Eltern, Lehrerinnen, gelegentlichen Lehrern und sogar mit anderen Kindern. Wenn jetzt an Auriellas Haaren gezogen wird, muss das nicht mehr auf dem Elternabend UND vor dem Schultor besprochen werden. Vor dem Schultor reicht.

(Wichtiges Detail: Im Kindergarten und in der Grundschule werden Sie dem Phänomen des »ewigen Elternabends« begegnen. Er findet vor dem Tor der Einrichtung statt, und einziger Tagesordnungspunkt ist das Fehlverhalten anderer. Ständige Teilnehmer sind meistens eine feste Gruppe von Müttern – seltener Vätern –, temporäre Teilnehmer, Eltern die ihr Kind nicht täglich abholen, und Teilnehmer mit Beobachterstatus, die sich aus dem Getratsche heraushalten und nur zu Hause darüber reden, worüber am Tor wieder alles geredet wird.)

Anders als die Erzieherinnen im Kindergarten müssen sich die Grundschullehrerinnen die Macht über Ihr Kind nicht erkämpfen, sie ist ihnen von Staats wegen gegeben. Besonders Mütter, die dazu neigten, in der Erzieherin eine Konkurrentin zu sehen – macht sie doch all das mit meinem Kind, was ich sonst tue: Mund abputzen, Windeln wechseln, Hände waschen, strahlend selbst gekritzelte Bilder bewundern –, ordnen sich der Grundschullehrerin oft widerspruchslos unter. Es sei denn, sie sind selber welche.

Grundschullehrerinnen sind die zweitwichtigste Frau im Leben eines Mannes. Noch mit Mitte 70 weiß er ihren Namen auswendig. Die ungeheure Bedeutung dieser Person für die körperliche, geistige und seelische Entwicklung eines Menschen kann kaum hoch genug eingeschätzt werden und steht in umgekehrt proportionalem Verhältnis zu ihrem Gehalt.

Die Grundschullehrerin (GrundschulLEHRER sind eine schützenswerte Minderheit, was mit dem erwähnten Missverhältnis von Bedeutung und Gehalt zu tun haben könnte) weiß das und rächt sich dafür auf dem Elternabend. Sie können Manager beim grundsteuerpotentesten Unternehmen der

Stadt sein – auf dem Elternabend Ihrer Tochter sitzen Sie mit angezogenen Knien vor Frau Heuerlein-Stammberger und erwarten, im nächsten Moment einen Strich für nicht erledigte Hausaufgaben zu bekommen. Um die Kommunikation mit der Lehrkraft und untereinander zu erleichtern, werden auf Elternabenden in Grundschulen häufig Namensschilder ausgegeben. Wenn Sie dem Ich-hab-ein-kleines-Spiel-zum-Kennenlernen-vorbereitet-Veranstalter-Typ in die Hände fallen (siehe oben), dürfen Sie das Schild vielleicht selber malen und mit bunten Stickern verzieren. Fast immer müssen Sie den Namen Ihres Kindes verwenden, denn die anderen Eltern kennen weder Ihren Vor- noch Nachnamen. Ganz authentisch könnten sie Sie auch mit »der Papa vom Daniel« ansprechen. Solcherart mit Ihrem Kind identifiziert durch Stuhl und Namensschild, müssen Sie sich auf dem Elternabend in der Grundschule Ihren Status als Erziehungsberechtigter erst wieder erkämpfen. Sie tun das durch Zustimmung oder Ablehnung. Aus den diktatorischen Strukturen vergangener Jahrhunderte haben sich unsere Schulen aufgemacht in die Demokratie. Irgendwann werden sie auch dort ankommen. Bis dahin gibt es neben Erlassen des Kultusministeriums, Vorgaben der Schulleitung und Entscheidungen der Klassenlehrerin immer noch einiges, worüber die Elterngemeinschaft entscheiden darf. Zögern Sie nicht, diesen Vorgang bewusst und offensiv anzugehen. Mit anderen Worten: Geizen Sie mit Ihrer Zustimmung, begründen Sie Ihre Ablehnung in langen Reden, verlangen Sie geheime Wahlen!

Wissen ist Macht in unserer Gesellschaft, und wo Wissen spielerisch vermittelt wird, eben in der Grundschule, finden auch Machtspielchen statt. Bevorzugt auf Elternabenden.

Glücklicherweise sind die Teilnehmer in der Regel nicht bewaffnet.

16

WIE SIE DEN ELTERNABEND
IN DER WEITERFÜHRENDEN SCHULE ÜBERLEBEN

… und dabei spielt es keine wirkliche Rolle, ob es sich bei dieser weiterführenden Schule um eine Gesamt-, Real-, Berufs- oder Hauptschule oder um ein Gymnasium handelt. Die Teilnehmer haben etwas über alle Bildungs- und Chancengleichheit hinaus Verbindendes gemeinsam: Sie alle sind Eltern.

Glücklicherweise dauert die weiterführende Schule einige Jahre, so dass Sie sich an den dort gepflegten Stil der Elternabende gewöhnen können. Natürlich wird der nicht überall gleich sein, aber gewissen Grundzüge lassen sich überall feststellen.

Grundzug Nr. 1: Die Grundschule war ein Stück Kuchen verglichen mit dem, was jetzt kommt. Sollten Sie daran zweifeln oder es für einen Augenblick vergessen, wird es Ihnen auf dem Elternabend unbarmherzig in Erinnerung gerufen werden. Egal, ob es sich um den Schulweg, die Art und Weise, wie Fernbleiben vom Unterricht entschuldigt werden muss, oder die Anzahl und Abfolge der Mathearbeiten handelt – jetzt ist Schluss mit lustig, und der Ernst des Lebens beginnt. Auch die entspanntesten Eltern werden auf dem ersten Elternabend in der weiterführenden Schule mit Nervosität zu kämpfen haben. Immerhin steht am Ende dieser Schullaufbahn der Abschluss und die Eintrittskarte ins Leben für Ihr Kind, und da sollte möglichst nicht »Parkett« oder »Backstage« draufstehen, sondern »Loge«.

In den meisten Fällen werden Sie die anderen teilnehmenden Eltern nicht kennen. Die Ausnahmen sind die Eltern jener Kinder, von denen Sie oder Ihr Kind unbedingt wollten, dass sie auf dieselbe weiterführende Schule gehen. Weil die beiden immer so schön miteinander gespielt haben.

Dass es ein grober Fehler war, von einer harmonischen Grundschulbeziehung eine ebensolche auf der weiterführenden Schule zu erwarten, werden Sie bald merken. Eventuell schon, wenn die bisher so freundlichen Eltern von Maximilian Augustus Sie auf dem ersten Elternabend komplett ignorieren, weil ihnen die Bekanntschaft mit anderen, neu hinzugekommenen Eltern vielversprechender erscheint. Die mit dem Aufsichtsratsvorsitzenden der Volksbank vielleicht.

Machen Sie sich nichts daraus. Suchen Sie sich einen Platz mit dem Rücken zur Wand, lehnen Sie sich zurück und betrachten Sie die ankommenden Eltern. Vielleicht ist jemand dabei, der noch vielversprechender ist, und Sie können ihm vorschlagen, dass Ihre Kinder sich gegenseitig im Krankheitsfall die Hausaufgaben bringen.

Auf solche Absprachen sind Sie nämlich von nun an angewiesen. Da die Schüler auf der weiterführenden Schule in der Regel aus einem größeren Umkreis kommen als auf der Grundschule, wohnen die Klassenkameraden unter Umständen kilometerweit entfernt. Sogar Wohnorte in einem anderen Bundesland sind möglich. Um an verpasste Hausaufgaben, Elternbriefe und Zettel-die-unterschrieben-wieder-abgegeben-werden-müssen zu kommen, ist ein Maximum an Organisation nötig, und die konzentriert sich auf die Elternabende. Damit sind wir auch schon bei Grundzug Nummer 2: Alles ist ein Problem.

Weil Sie die Miteltern Ihres Kindes wahrscheinlich nicht mehr beim Bäcker oder Geldautomaten treffen werden, wäre es hilfreich, deren Telefonnummern und Adressen zu haben, um das oben erwähnte Hausaufgaben-Sharing durchführen zu können, oder einen Klassenkameraden bitten zu können,

Laura-Lena zu entschuldigen, die heute wegen Nasenblutens nicht zur Schule kommen kann. Hilfreich wäre es, aber nicht datenschutzkonform. Grundsätzlich darf die Schule Daten von Eltern weder sammeln noch weitergeben. Sie haben auf dem ersten Elternabend also zwei Möglichkeiten: Entweder Sie lassen ein Freundebuch rumgehen und bitten die anderen Eltern, hineinzuschreiben. Oder Sie diskutieren zweieinhalb Stunden darüber, ob es nicht doch möglich ist, eine Namensliste zu erstellen, wenn Sie alle damit einverstanden sind. Scheitern wird das an den zwei Elternpaaren, die nicht da sind, also suchen Sie schon mal ein schönes Freundebuch. Es muss ja nicht von Diddl sein.

Ein erfreulicher Nebeneffekt der Elternabende in der weiterführenden Schule wird sein, dass sie umso seltener und nebensächlicher werden, je länger Ihr Kind diese Schule besucht. Irgendwann werden Sie fast nur noch über die oben erwähnten Zettel-die-unterschrieben-wieder-abgegeben-werden-müssen mit der Schule in Kontakt bleiben und zu den nun nicht mehr zwei, sondern vermutlich eher zwölf Eltern gehören, die nicht da sind. Ausnahmen gibt es natürlich auch von dieser Regel. Sollten sich irgendwelche besonderen Themen für Elternabende anbieten, etwa Sexualkundeunterricht mit Anschauungsmaterial, Drogenaufklärung oder besondere Vorkommnisse in der Klasse, werden Sie die Grundzüge 1 und 2 in ihrer ganzen Pracht erneut erleben dürfen. Es wird alles viel ernster sein als in der Grundschule, und egal, was es ist, es wird ein Problem sein.

17

WIE SIE DEN ELTERNABEND IM SPORTVEREIN ÜBERLEBEN

Je nachdem, welche Sportart Ihr Kind pflegt, werden Elternabende in düsteren Turnhallen oder stickigen Kneipen stattfinden. Das erfordert eine besonders intensive Vorbereitung.

Wenn die Sportart, die Ihr Kind sich ausgesucht hat oder die Sie für Ihr Kind gewählt haben (glauben Sie bloß nicht, das sei dasselbe!), in einer Turnhalle stattfindet, wird wahrscheinlich auch der Elternabend dort stattfinden. Es sei denn, der Verein hat eine eigene Gaststätte. Dann MUSS dorthin eingeladen werden. Für den Umsatz.

Wie dem auch sei, ziehen Sie vorsichtshalber frische Socken an. Sie erinnern sich doch an Ihre eigene Schulzeit, oder? Auf das Betreten der Turnhalle mit Straßenschuhen stehen so fürchterliche Strafen, dass Sie gar nicht wagen, sie sich auszumalen. Wenn Sie vorher wissen, dass der Elternabend in der Vereinsgaststätte oder einer anderen Kneipe stattfindet, ziehen Sie nichts Frisches an, nicht einmal Socken. Wenn es ein Sportverein ist, wird geraucht werden. Irgendwie, irgendwo, in dem abgetrennten Hinterraum, in den Sie geschickt werden, sobald Sie sich als Teilnehmer des Elternabends zu erkennen gegeben haben. Und Alkohol wird es auch geben.

Ansonsten können Sie sich an die allgemeinen Regeln zur Vorbereitung auf einen Elternabend halten: Geld, Papier und Kugelschreiber mitnehmen.

Der Mensch, der den Elternabend leitet, ist wahrscheinlich der Trainer/die Trainerin Ihres Kindes. Das sind keine Lehrer. Sie können – hoffentlich – selber ganz gut turnen, schwimmen, reiten oder Fußball spielen, und es macht ihnen – ebenfalls hoffentlich – Spaß, das Ihren Kindern beizubringen, aber es sind keine professionellen Pädagogen, denen auf einem Abschlusszeugnis bescheinigt wurde, dass sie Kindern etwas beibringen können. Das hat den Vorteil, dass diese Menschen Sie wahrscheinlich weniger als eine Fortsetzung Ihres Kindes ansehen werden, sondern als denjenigen, der die Mitgliedsbeiträge bezahlt, als einen zahlungsfähigen Erwachsenen also. Das tätschelt das Ego, selbst dann, wenn die sportlichen Erfolge des Filius oder der Filia nicht zu olympischen Träumen Anlass geben. Es hat den Nachteil, dass sich unter Umständen solche oder ähnliche Situationen ergeben können:

Sie: Entschuldigen Sie, Herr Grobster, aber Ludwig-Kevin hat manchmal ein paar unbedeutende Schwierigkeiten mit Ihrer Art, das Training zu leiten.
Trainer: Was? Wieso das denn? Keiner der Jungens hat sich bisher beschwert.
Sie (leise): Weil sie sich nicht trauen. (laut): Sie weisen die Kinder manchmal etwas lautstark zurecht, wenn sie zu spät zum Training kommen.
Trainer: Weil das nicht geht. Die müssen pünktlich sein. Müssen sie im späteren Leben ja auch.
Sie: Ja, schon, aber die Ganztagsschule ist halt erst um halb vier aus und …
Trainer: Da kann ich auch nichts dran ändern. Wir können das Training nicht später machen, weil dann die B-Jugend auf den Platz geht, und die spielen Landesliga.
Sie: Aber der Ton macht die Musik. Wenn Sie vielleicht etwas freundlicher …
Trainer: Ach, nee, wissen Sie, die Kinder werden heute viel zu sehr in Watte gepackt. Das schadet denen gar nichts, wenn sie

mal ein bisschen rauer angepackt werden. Der Luke packt das schon.

Luke? Seit wann heißt Ihr Sohn Luke?

Auf einem Schulelternabend hätten Sie wahrscheinlich einen Termin mit der Schulpsychologin ausmachen können, um über Ludwig-Kevins zu Hause geäußertes Unwohlsein über die Trainingssituation zu sprechen, aber der Sportverein bietet diesen Service nicht an. So traurig es klingt, der Trainer hat recht. Luke muss und wird mit seiner Art, Zuspätkommen zu rügen, klarkommen. Oder den Verein wechseln. Im späteren Leben, auch damit hat der Trainer recht, wird er auch nicht ständig von Pädagogen umgeben sein, die fähig und willens sind, auf seine Probleme mit ihnen einzugehen. Wie gesagt, Trainer sind keine Lehrer. Seien Sie dankbar dafür.

Der Organisation des Elternabends wird man das möglicherweise auch anmerken. Er wird vielleicht gar keine Tagesordnung haben, dafür dürfte es weniger Probleme mit einer Adressenliste geben, und nur höchst selten werden Sie mit einem kleinen Spiel zum Kennenlernen fertig werden müssen. Vielleicht noch am ehesten beim Yoga für Kinder.

Die oben geschilderte Szene kann sich übrigens fast genauso in der Reitschule zutragen und Laura-Leia betreffen.

18.

WIE SIE DEN ELTERNABEND IN DER KIRCHENGEMEINDE ÜBERLEBEN

Elternabende in der Kirchengemeinde betreffen die meisten Eltern heutzutage nur noch zweimal pro Kind: vor der Erstkommunion und vor der Firmung. Evangelische Eltern sogar nur einmal: vor der Konfirmation.

Lassen wir einmal den zahlenmäßig sicherlich vorherrschenden Fall beiseite, dass Sie »das Ganze« sowieso nur wegen der Oma veranstalten und die ganze Zeit über heimlich auf Ihrem Smartphone Solitaire spielen. Dafür brauchen Sie keinen Ratgeber. Die anderen unter Ihnen nehmen »das Ganze« schon noch irgendwie ernst. Irgendwas Höheres muss es doch geben, und die Kirche vertritt ja auch Werte und so und überhaupt, wenn sich das Kind mal selber für oder gegen Religion entscheiden soll, muss es ein bisschen was darüber wissen. Außerdem gibt es so hübsche Kleider für die Mädchen (Anzüge für Jungen findet nie jemand hübsch, höchstens »männlich«).

Sie finden sich also gemeinsam mit je nach Größe der Gemeinde drei oder 30 anderen Eltern an einem Mittwochabend im Gemeindezentrum ein zwecks Elternabend für die Kommunionkinder.

Bei diesem Elternabend wird mit großer Wahrscheinlichkeit die volle Wucht des Ich-hab-ein-kleines-Spiel-zum-Kennenlernen-vorbereitet über Sie hereinbrechen. Wissen Sie, was eine gestaltete Mitte ist? Nein, kein Bauchnabelpiercing. Eine gestaltete Mitte ist ein buntes Tuch auf dem Boden, ringsherum stehen Stühle, auf die sich die Teilnehmer setzen. Das nennt man einen Stuhlkreis, und er ist vergleichbar mit den runden Feldern, auf die sich bei Star Trek immer die Leute zum Beamen stellen. Käptn Kirk sagt »Energie!«, und schwups, schon befinden sich alle in einer anderen Welt. Genauso stellen sich hauptberufliche Seelsorger die Wirkungsweise eines Stuhlkreises mit gestalteter Mitte vor.

Auf dem Tuch kann eine Kerze stehen, vielleicht liegen ein paar Steine daneben. Mit einiger Wahrscheinlichkeit werden Sie bunte Glasnuggets ausgeteilt bekommen, die Sie dann dazulegen sollen. Möglich sind auch Federn, Muscheln oder kleine Zettel, auf die Sie vorher etwas schreiben durften. Wünsche für Ihr Kind zum Beispiel. All diese Dinge werden auf das bunte Tuch gelegt und symbolisieren die in Ihrem Stuhlkreis wirksamen spirituellen Energien. Irgendwie, ein Stück weit.

Das bunte Glasnugget dürfen Sie vielleicht sogar mit nach Hause nehmen. Es wird Sie immer an diesen ganz besonderen Elternabend erinnern.

Um einen Einstieg in das Thema zu finden, lieben es Pfarrer jedweder Konfession, Sie nach Ihrer eigenen Erstkommunion oder Konfirmation zu fragen. Dass seitdem 20 bis 30 Jahre vergangen sind und sich nicht nur die Wahrnehmung der Religion in unserer Gesellschaft sehr verändert hat, sondern vor allem Ihre persönliche Wahrnehmung davon, wird kühn ignoriert. Wie Sie sich damals mit elf oder 16 gefühlt haben, bietet den Einstieg darein, wie sich Ihr Kind fühlen wird. Irgendwie, ein Stück weit. Diese oder andere relativierende Formulierungen werden Sie durch den ganzen Elternabend begleiten. Die großen christlichen Kirchen in unserer Gesellschaft sind vom eigenen Fundamentalismus vergangener Jahrhunderte so tief traumatisiert, dass sie jeden Anflug von Autorität zu vermeiden suchen. Scheuen Sie sich also nicht, dem Pfarrer oder der Gemeindereferentin zu widersprechen. Die warten darauf. Sie selbst entpuppen sich als kritisch mitdenkender Vater oder spirituell interessierte Mutter, die ihre eigenen Impulse einbringt, und die hauptamtlichen Seelsorger können beweisen, wie offen und anti-autoritär sie sind, indem sie alles großartig finden, was Sie sagen. Bravo! Sie dürfen ein weiteres Glasnugget neben die Meditierkerze legen.

Übrigens – wenn Sie der nachvollziehbaren Ansicht sind, es gehe die Pfarrerin gar nichts an, was Sie damals bei Ihrer Konfirmation gedacht und gefühlt haben, können Sie auch einfach sagen, Sie seien in der DDR aufgewachsen. Nur ein sehr hartnäckiger Seelsorger wird Sie dann nach Ihrer Jugendweihe fragen, es sei denn, er stammt aus der DDR.

Ein bisschen weniger liberal-hedonistisch – also sozusagen anti-anti-autoritär – können kirchliche Elternabende auf dem Land ablaufen. Dort kann es durchaus vorkommen, dass dem schüchternen Versuch des Pfarrers, darauf hinzuweisen, dass es ja eigentlich, irgendwie ein Stück weit um Jesus ginge bei »dem Ganzen« und weniger darum, das spitzenüberhäufte, perlenbestickte einmal-im-Leben-Outfit der Mädchen vorzuführen, von großväterlicher Seite, vom Traktor herab entgegnet wird, »det Mädsche« habe sich schon seit ihrer Taufe auf »det Kleidsche un det Hanntäschje« gefreut und diese neumodische Idee, alle Kinder in gleich aussehende Leinenkutten zu stecken, könne er »gleisch widda« vergessen.

Sicher nur gut belegte Einzelfälle, aber, wie gesagt, es kann passieren.

Alles in allem sollten kirchliche Elternabende geprägt sein von Harmoniestreben und dem Geruch nach Früchtetee. Es wird darum gehen, wann und wohin die gemeinsame Abschlussfahrt gehen wird, dass kein Kind Angst haben muss vor der ersten Beichte, weil der Pfarrer nur locker mit ihnen darüber plaudern wird, was sie gerne machen und ob es denn ganz in Ordnung war, einen Stein nach dem doofen Sebastian aus der 3a zu werfen, nur weil der für den HSV ist statt für Borussia Dortmund. Nichts Aufregendes und ein »Ja, lieber Vater, lass uns auch …« wird als Buße genügen. Sie werden 15 Euro für ein Buch dalassen dürfen, das die Kinder durch den Kurs begleiten wird und in das sie Bildchen von ihrer Familie einkleben können – so eine Art religiöses Panini-Album – und das war es dann eigentlich auch schon. Ach ja, und beim großen festlichen Gottesdienst wird es reservierte Plätze für die Angehörigen geben, und es soll bitte, bitte, bitte während des Abendmahls nicht fotografiert werden. Eine Aufforderung, die mit der gleichen Zuverlässigkeit befolgt werden wird wie ein Tempo 30 auf gerader Strecke.

Zum Abschluss wird ein gemeinsames Vaterunser gebetet werden – mit oder ohne Händchenhalten –, und dann dürfen Sie gehen und müssen erst zur Feier wiederkommen. Fotoapparat nicht vergessen.

19.

WIE SIE DEN ELTERNABEND IM CHOR ÜBERLEBEN

Ihr Kind ist also Mitglied in einem Chor. Herzlichen Glückwunsch! Musik ist etwas Wunderbares, und gemeinsames Singen erfreut das Herz der Sänger und meistens auch der Zuhörer.

Wenn der Chorleiter zum Elternabend einlädt, heißt das nicht, dass Sie selber dort singen müssen. Singen wird überhaupt nicht Bestandteil des Abends sein, sondern Reden.

So gemeinsam das Singen in einem Chor auch ist, die Leitung hat eindeutig der, der nicht singt: der Chorleiter oder die Chorleiterin. Chöre sind absolutistische Diktaturen. Über Tonart und Taktschlag wird niemals abgestimmt, Crescendi oder Decrescendi werden von oben verordnet, und niemand darf sich seinen Platz frei wählen. Chöre sind die letzte Bastion des Absolutismus, und gegen einen Chorleiter ist Ludwig XIV. ein niederrangiges Aufsichtsratsmitglied.

Es gibt nur wenige Ratschläge dafür, wie Sie einen solchen Elternabend am besten überstehen, denn Sie werden nur sehr wenig zu tun oder zu sagen haben. Der Chorleiter leitet den Chor, und er leitet den Elternabend. Drei, vier!

Die Mädchen brauchen grüne Pullis für das Konzert.

Es findet am dritten Sonntag im Advent statt, bitte schon um halb vier an der Kirche sein.

Für die gemeinsame Chorfahrt bitte bis Ende des Monats 85 Euro überweisen. Die Bankverbindung steht auf der Einladung.

Der Chor entwickelt sich wunderbar, die Stimmen der Kinder sind alle sehr schön, brauchen aber noch ordentlich Stimmbildung, diese findet jeden Dienstagnachmittag von drei bis fünf und von vier bis sechs statt. Die Einteilung der Gruppen übernimmt der Chorleiter, Sie bekommen mitgeteilt, in welcher Gruppe Ihr Kind ist. Bitte, bilden Sie Fahrgemeinschaften, damit alle Kinder kommen können. Wir werden in diesem Jahr auch einmal etwas Größeres singen, vielleicht vom jungen Mozart. Die Partitur können Sie über den Chorleiter bestellen. 14,95 Euro, Vorzugspreis.

Er hofft, Sie alle beim Konzert zu sehen, wünscht noch einen guten Heimweg und einen schönen weiteren Abend. Auf Wiedersehen.

Sie kommen nach Hause, finden Ihr Kind, das eigentlich im Bett sein sollte, an der Playstation vor und fragen es: »Sag mal, macht ihr immer, was euer Chorleiter sagt?«

»Natürlich«, sagt Friederike-Franziska und zockt weiter, »er ist schließlich der Dirigent.«

Irgendwas machen Sie falsch.

20

WIE SIE DEN ELTERNABEND IM SCHULORCHESTER ÜBERLEBEN

Verglichen mit Chören sind Orchester gelebte Demokratien. Natürlich müssen sich auch Orchestermusiker an Partituren halten, dürfen nicht sitzen, wo sie wollen, und spielen, was sie wollen, aber der Orchesterleiter muss im Unterschied zum Chorleiter viel mehr Mühe darauf verwenden, seine Musiker bei Laune zu halten. Sonst spielen sie nämlich falsch, und das fällt bei drei Geigen viel mehr auf als ein falscher Ton bei 13 Tenören.

Während der Chor mit einem Rennwagen verglichen werden kann, an dessen Steuer der Chorleiter sitzt, ist ein Orchester ein Fernlaster mit Anhänger. Um es durch einen Parcours aus drei verschiedenen Notenschlüsseln zu navigieren und das vielleicht noch mit Tempo Allegretti, braucht es Fingerspitzengefühl und Diplomatie. Diese Eigenschaften, die ein Orchesterleiter auch dann haben muss, wenn er im Hauptberuf Musiklehrer ist, zeigen sich auch auf einem Elternabend.

Egal, ob ihr Kind die erste Geige oder die dritte Triangel spielt, der Orchesterleiter muss ihm das Gefühl geben, ein einzigartiges und ungeheuer wichtiges Mitglied des Orchesters zu sein, sonst wird es seinen Einsatz im vorletzten Takt verhauen, und das ganze Stück ist ruiniert.

Um das zu erreichen, wird der Musiklehrer SIE wie ein einzigartiges und ungeheuer wichtiges Mitglied des Orchesters behandeln, denn Sie sagen hinterher zu Hause zu Ihrer Tochter: »Üb doch mal ein bisschen Querflöte! Dein Musiklehrer hält so viel von dir.«

Die Themen auf Elternabenden im Schulorchester werden denen der Elternabende im Chor ähneln. Es wird um Auftritte und um das Aussehen gehen. Sollen gleichfarbige Pullover angeschafft werden oder nicht (Geld!)? Sollen die Kinder nur beim Tag der offenen Tür auftreten oder auch beim Sommerfest (Zeit!)? Und wäre es nicht nett, mal ein gemeinsames Grillen mit allen Eltern zu veranstalten (ohne Musik!)?

Wenn Sie selber kein Instrument spielen, dürfen Sie zu allem, was der Musiklehrer sagt, zustimmend nicken. Das wird ihm und Ihnen am liebsten sein. Eltern, die selber ein Instrument spielen, am Ende noch eines, das im Orchester vertreten ist, sind der Albtraum des Musiklehrers. Schließlich kann er selber unmöglich alle Instrumente spielen. Wahrscheinlich spielt er Klavier, Gitarre und Blockflöte und versteht nicht das Geringste vom Trompetespielen. Aber der Vater von Laura-Lilliane hat selber als Junge Trompete gespielt, und er weiß, dass es verschieden gute Mundstücke gibt und dass die Mundstücke der Schultrompeten alle Schrott sind. Wenn der Musiklehrer erfahren oder gewitzt genug ist, wird er an dieser Stelle vorschlagen, dass das Orchester ein Benefizkonzert für neue Mundstücke geben könnte, oder, wenn er noch gewitzter oder erfahrener ist, dass Sie als Eltern für bessere Mundstücke sammeln könnten.

Thema erledigt.

Schulorchester sind immer auch Werbeträger für eine Schule. Sie treten öffentlich auf, sie wecken gelegentlich sogar das Interesse der Lokalnachrichten. Das bringt Ihnen und Ihrem Kind eine gewisse Popularität, fast schon Berühmtheit. Es kann durchaus auch mal ein Auftritt im Fernsehen dabei herausspringen, in jedem Fall sammelt Ihr Kind Bühnenerfahrung, und ohne die kommt man heute ja kaum noch aus. Ein Erfolg im Deutschland-sucht-den-Super-Triangelspieler nützt sowohl Ihrem Kind als auch der Schule, und so werden sich Elternabende im Schulorchester in der Regel wie Aufsichtsratstreffen in einem sehr erfolgreichen börsennotierten Unternehmen gestalten. Bühne ist überall.

Vor den anderen Eltern müssen Sie bei diesen Elternabenden weniger Angst haben als sonst. Zwischen Ihnen und den anderen befindet sich immer das Instrument, welches das Kind spielt, und dient gleichsam als Pufferzone. Dem Vater, der wohlwollend-jovial sagt »Ach, Sie sind das mit der dritten Oboe«, können Sie antworten: »Spielt Ihre Tochter nicht dieses Blasdingsda mit den vielen Knöpfen?« Und schon haben Sie ein paar ausgesuchte Unhöflichkeiten ausgetauscht, ohne dass irgendjemand wirklich verletzt worden wäre. Schließlich ging es nur um die Instrumente. Die Instrumente sind es auch, die den einzigen Stoff für wirkliche Probleme bieten werden. Die Kontrabässe sind einfach zu groß, als dass irgendjemand von den Eltern sie mitnehmen könnte. Und dasselbe gilt für die Schlagzeuge im Jazzorchester. Da endet auch die gelebte Demokratie im Schulorchester. Jeder will die Klarinettisten und Flötisten mitnehmen. Celli, Bässe und Schlagzeuge werden gnadenlos diskriminiert.

21.

WIE SIE DEN ELTERNABEND ZUR VORBEREITUNG DES AUSLANDSAUFENTHALTES IHRES KINDES ÜBERLEBEN

Wenn sie irgend können, versuchen Eltern, ihre Kinder loszuwerden. Das war schon vor 200 Jahren so, als Hänsel und Gretel von ihren Eltern zum Work&Travel in den Wald geschickt wurden. Im Unterschied zu damals bleiben wir heute über Facebook mit den Kindern in Kontakt und beschweren uns beim Veranstalter der Reise, wenn sich die Gastfamilie als Hexenhaus entpuppt. Damit das nicht passiert, lädt der Veranstalter vorher zu einem Elternabend ein.

Sie haben bereits Tonnen von Hochglanzprospekten gewälzt, Kosten überschlagen, Preise verglichen und sich innerlich Schritt für Schritt der Vorstellung angenähert, dass Ihr geliebtes Kind für Monate mehrere Flugstunden weit weg sein wird, und jetzt werden Sie auf dem Elternabend noch näher an die Realität dieses wahnwitzigen Unternehmens herangeführt werden.

So ging es uns, als unsere knapp 16-jährige Tochter für zwei Monate in Neuseeland zur Schule gehen sollte.

Bisher waren wir nicht hundertprozentig davon überzeugt, dass Neuseeland tatsächlich existiert. Ich meine, natürlich muss es existieren, schließlich ist *Der Herr der Ringe* dort gedreht worden, aber das ist immerhin ein Fantasyfilm, wer weiß, was da alles erfunden wurde. Auf dem Elternabend würden wir Menschen begegnen, die tatsächlich dort waren und wieder zurückgekommen sind. Wie Frodo und Sam.

Der Elternabend, zu dem wir eingeladen wurden, war ein Elternnachmittag und fand im Intercity-Hotel statt. Das war schon mal eine echte Verbesserung gegenüber Klassenzimmern, Turnhallen und Kneipen. Außerdem gab es kostenlos Kaffee und Kugelschreiber (Elternabende bei Veranstaltern, denen Sie als Eltern sehr viel Geld bezahlen werden, sind die einzigen, bei denen Sie die Regel, Kugelschreiber mitzunehmen, vernachlässigen können).

Beides war nötig. Der Kaffee, um sich an etwas festzuhalten, als die entsetzlichen Folgen geschildert wurden, die ein Fehlverhalten der Kinder im Ausland zur Folge haben kann. Zum Beispiel Mitfahren bei einem jungen Menschen, der erst seit Kurzem den Führerschein besitzt und dem daher in Neuseeland das Mitnehmen von Beifahrern nicht erlaubt ist (Haftstrafen,

Ausweisung, Abbruch der diplomatischen Beziehungen zu Deutschland). Die Kugelschreiber, um ganz genau, in dreifacher Ausfertigung und mit doppelter Unterstreichung festzuhalten, welche Dokumente gebraucht werden (Reisepass, der nach der Ausreise aus Neuseeland noch mindestens ein Jahr gültig ist. »Ausreise aus Neuseeland« in Großbuchstaben und dreimal unterstreichen. Ein Jahr nach der Einreise genügt nämlich nicht). Auch über den Alltag am anderen Ende der Welt erhielten wir viele nützliche Informationen, die wir auch dank des merkbar erhöhten Adrenalinspiegels (unser Kind fliegt nach Neuseeland!) sonst sofort wieder vergessen hätten (in Neuseeland bedankt man sich beim Fahrer, wenn man aus dem Bus steigt).

Nun ist Neuseeland so ziemlich der am weitesten entfernte Punkt der Welt, den man von Deutschland aus überhaupt ansteuern kann. Auslandsreisen nach Großbritannien, Nordamerika oder Frankreich wirken auf den ersten Blick weniger exotisch, sind es aber nicht. Wie schon der Münchner Komiker Karl Valentin zutreffend feststellte: »Fremd ist der Fremde nur in der Fremde.« Auch Frankreich kann sehr fremd sein.

»Sagen Sie den Kindern, sie sollen sich Brustbeutel für Geld und Ausweis mitnehmen«, hieß es in der Vorbereitung auf eine Frankreichfahrt einer unserer Töchter. »Es gibt in Paris viele dunkelhäutig lebende Menschen ...«

Zusammenhang unklar.

»Auf gar keinen Fall dürfen die Mädchen während der Schulzeit ihre Handys verwenden«, schärfte uns die begleitende Lehrkraft vor dem Austausch mit dem supervornehmen englischen Mädcheninternat ein. »Die englischen Mädchen haben auch keine.«

Hatten sie doch, aber das sollten die Lehrer nicht wissen. Die Schülerinnen fanden es schnell heraus.

Elternabende vor Auslandsaufenthalten sind voll weltpolitischer Brisanz. Niemals (wieder) dürfen Deutsche irgendwo in der Welt unangenehm auffallen. Außer vielleicht auf Mallorca, aber da fährt ja niemand auf Austausch hin.

Wenn aber alle Dokumente bis auf die letzte Ziffer der 28-stelligen Prüfnummer abgeglichen sind, alle Kosten genannt und alle Drohungen ausgesprochen wurden, wird der Veranstalter Ihnen versichern, dass die Menschen in der »Fremde« ausgesprochen nett sind und Ihr Kind eine großartige Zeit dort haben wird.

Und das wird es auch. Wundern Sie sich nicht, wenn es gar nicht mehr heimkommen will.

22.

WIE SIE ES SCHAFFEN, MIT DEM VERANSTALTER UNTER VIER AUGEN ZU REDEN

Gelegentlich wird es nötig sein, dass Sie mit dem Veranstalter eines Elternabends unter vier Augen reden. Vielleicht haben Sie eine Frage, die nur Sie interessiert, oder etwas über Ihr Kind mitzuteilen, was die anderen Eltern nichts angeht. Sie könnten auch einen Gesprächstermin ausmachen, aber das ist mühsam. Die Schule darf die Telefonnummer von Lehrern nicht herausgeben. Sie müssen also im Sekretariat anrufen und Ihre Nummer dort lassen, damit die Lehrkraft Sie, bitte, bitte, zurückrufen kann, oder Ihrem Kind einen Zettel mit der Nummer mitgeben. In beiden Fällen kann es passieren, dass der gewünschte Kontakt nicht zustande kommt. Auf dem Elternabend haben Sie die betreffende Person leibhaftig vor sich, was hindert Sie also daran, sie nach dem Elternabend anzusprechen?

Mehrere Dinge.

Erstens hat der Lehrer oder die Trainerin eigentlich gar keine Lust, länger zu bleiben und mit Ihnen über Annemarie-Katharinas Probleme mit dem Schwimmunterricht zu reden.

Zweitens haben Sie eigentlich gar keine Lust, länger zu bleiben und füßescharrend darauf zu warten, dass Herr Kleingeistiger endlich damit fertig ist, seine Papiere zu sortieren, und Sie ihn ansprechen können.

Drittens stehen hinter Ihnen vier oder fünf Elternpaare, die offenbar dasselbe vorhaben.

Sie müssen sich also eines Tricks bedienen.

In den meisten Fällen wird der Veranstalter den Raum, in dem der Elternabend stattfand, abschließen müssen. Er muss also als Letzter den Raum verlassen und wird das nicht tun, solange Sie noch darin sind. Also tun Sie irgendetwas, was Sie zwingt, länger im Raum zu bleiben als alle anderen. Verlieren Sie Ihr Smartphone! Lösen Sie eine Sohle von Ihrem linken Schuh! Schieben Sie Ihren Autoschlüssel in das CD-Fach des Schulcomputers! Oder in ganz verzweifelten Fällen – helfen Sie beim Aufräumen! Die Autoritätsperson, mit der Sie reden wollen, wird Ihnen nicht entkommen, wenn Sie hartnäckig dort bleiben, wo Sie sind. Sie wird vielleicht genervt sein, aber sie wird warten.

Schwieriger wird es, wenn Sie eine gut gelaunte Autoritätsperson benötigen. Da hilft nur grobe Bestechung. Das ist in Deutschland eigentlich verboten, aber versuchen kann man es trotzdem. Nehmen Sie etwas zum Bestechen mit. Von hochwertigen Armbanduhren ist hier ebenso abzuraten wie von »übrig gebliebenen« Gutscheinen renommierter Herrenausstatter. Selbst gemachte Marmelade macht sich besser. »Wir hatten dieses Jahr so viele Aprikosen, und da dachte ich …«, können Sie zum Beispiel beginnen und der Lehrerin von Jan-Dominik ein liebevoll mit kariertem Tuch abgedecktes Glas hinhalten. Aber geben Sie es nicht zu schnell aus der Hand, sonst steckt sie es mit einem »Danke!« ein und entfleucht. Erst bei »und dann hätte ich noch ein kleines Anliegen …« darf das Glas langsam von Elternhand zu Lehrerhand gleiten.

Am besten starten Sie so ein Vorhaben im Advent. Da ist es keine Bestechung, sondern saisonale Aufmerksamkeit.

Wenn das alles nichts hilft, der Raum offen bleiben darf und das Objekt ihrer informellen Begierde rasch dem Ausgang zustrebt, bleibt Ihnen nur übrig, Schritt zu halten und mit den Worten »Ich glaube, wir haben denselben Weg« ein Gespräch zu erzwingen.

Wenn Sie Pech haben, strebt die Lehrkraft allerdings der Bushaltestelle zu, und Sie sind gezwungen, durch die halbe Stadt zu fahren, um Ihr Gespräch zu führen.

Und dann wieder zurück, weil ihr Auto noch vor der Schule steht.

23.

WIE SIE ES VERMEIDEN, DASS DER VERANSTALTER MIT IHNEN UNTER VIER AUGEN REDET

Auch der umgekehrte Fall, dass der Veranstalter »ein Wörtchen« mit Ihnen reden will, vermutlich über Ihr Kind, ist denkbar und bedarf der Vorbereitung.

Wenn Sie sowieso ein Gespräch mit ihm wollten, ist alles bestens und Sie können sich das vorige Kapitel sparen. Wenn Sie allerdings gar nicht so genau wissen wollen, was Ihr Kind auf der Klassenfahrt angestellt hat, müssen Sie ein wenig Arbeit in die Vermeidung eines solchen Gesprächs investieren.

Die einfachste und naheliegendste Methode ist – früher gehen. Dann folgen Ihnen vielleicht irritierte Blicke der anderen Eltern und ein gestammeltes »Aber ich wollte Sie noch …« des Veranstalters. Zu spät! Wenn Sie die Tür bereits erreicht haben, können Sie noch über die Schulter rufen: »Tut mir leid, der Babysitter muss zum Flughafen. Wir telefonieren.«

Und das tun Sie dann natürlich nicht. Sie haben gar keine Telefon-Flat mehr und sind nur noch über WhatsApp zu erreichen.

Wenn Sie nicht rechtzeitig registriert haben, dass der Veranstalter Sie im Visier hat für ein Face-to-face-Gespräch, wird es schwieriger. Am besten Sie machen es wie Ihre Kinder und tarnen sich in der Menge. Ist Ihnen aufgefallen, wie ähnlich sich 16-jährige Mädchen heutzutage sehen? Alle lange, glatte Haare, enge schwarze Jeans und knappe Jacken. Unmöglich zu sagen, welche es war, die vor der Abfahrt des Busses ins Schullandheim hastig die Zigarette ausgedrückt hat. Und genau wie Ihre Tochter verschwinden Sie in der Menge der aufbrechenden Mütter. Umhängetaschen, Jacken, Autoschlüssel, alles wirbelt durcheinander, und Sie drücken sich durch die Tür, während die Lehrkraft noch verzweifelt versucht, sich an Ihr Gesicht zu erinnern.

Hat sie Sie bereits in ihren Fängen, müssen Sie gute Miene zum bösen Spiel machen. Am besten Sie sagen nichts, ohne mit Ihrem Anwalt Rücksprache gehalten zu haben oder mindestens mit Ihrem Kind. Natürlich ist Kindern in jedem Alter prinzipiell zuzutrauen, dass sie sich außerhalb der elterlichen Obhut so verhalten, wie man es nie von ihnen gedacht hätte, aber weil es prinzipiell möglich ist, heißt das noch lange nicht, dass es auch tatsächlich so war.

Was auch immer Ihnen andere Eltern oder Lehrer über Ihr Kind erzählen, lassen Sie sich nicht dazu hinreißen, ihnen zuzustimmen, nur weil es »Erwachsene« sind. Sie müssen nicht alles verteidigen, was Ihr Kind anstellt, aber Sie sollten immer und unter allen Umständen ZUERST mit Ihrem Kind darüber sprechen und dann erst gegenüber anderen Erwachsenen Stellung dazu nehmen. Ihr Kind hat ein Recht darauf, dass ihm die eigenen Eltern nicht in den Rücken fallen, es gibt genug andere, die nur darauf warten, das zu tun.

Und glauben Sie einer Mutter und Lehrerin – manchmal irren sich Letztere auch.

Sagen Sie der Lehrkraft also ausgesucht höflich und freundlich: »Ich möchte zuerst mit meinem Kind darüber sprechen und wende mich dann an Sie wegen eines Gesprächstermins.«

Wenn Sie ein paar solcher Situationen überstanden haben, können Sie anfangen, Jobangebote bei der UNO zu studieren.

KAPITEL III

DIE TEILNEHMER DES ELTERNABENDS

OHNE TEILNEHMER KANN KEIN ELTERNABEND STATTFINDEN.

Ohne Teilnehmer kann kein Elternabend stattfinden. Mag es auch die heimliche Hoffnung des Veranstalters sein, dass gar keiner kommen wird, in der Praxis ist das nie der Fall. Und die Teilnehmer, also Ihre Mit-Eltern, sind es, die den Elternabend zu einem Mikrokosmos der Realität werden lassen.

24.

WIE SIE IHREN PLATZ WÄHLEN

Es wurde schon mehrfach darauf hingewiesen, wie wichtig es ist, dass Sie den für Sie passenden Platz finden. Im Leben wie auf dem Elternabend. Wenn Sie die Absicht haben, früher zu gehen, unbeobachtet im Liveticker ein Champions-League-Spiel verfolgen wollen oder einen bestimmten Teilnehmer im Blick behalten wollen, sind jeweils andere Sitzplätze von Vorteil.

Nehmen wir an, Sie besuchen den Elternabend alleine und kennen keinen der anderen Teilnehmer – etwa, weil es der erste Elternabend im Kindergarten oder der einzige im Konfirmationskurs ist –, dann suchen Sie sich am besten einen Platz, von dem aus Sie möglichst viele der anderen Eltern sehen können. Wenn Sie dann noch auf einem Zettel oder in Excel mobile eine Liste anlegen, in der Sie den Namen (wenn Sie ihn verstanden haben), äußere Merkmale (iPhone 6, kratzt sich an der Nase) und den Namen des Kindes (wenn er in die Spalte passt) eintragen, sind Sie auf weitere Begegnungen mit diesen Menschen gut vorbereitet. Das kann auf dem nächsten Elternabend sein, beim Bäcker oder nachts auf dem Polizeirevier. Bei der Fülle von Gesichtern und Namen, denen man zwangsläufig ausgesetzt wird, bloß weil man Kinder hat, ist es schlechterdings nicht möglich, sie alle im Kopf zu behalten, und aus Datenschutzgründen nicht zulässig, sie alle zu fotografieren. Widmen Sie ruhig die erste halbe Stunde des ersten Elternabends dem Anlegen dieser Tabelle, Sie werden es nicht bereuen.

Es könnte aber auch sein, dass Sie schon andere Eltern unter den Teilnehmern kennen, dann suchen Sie sich natürlich einen Platz in deren Nähe. Oder auch nicht.

In jedem Fall sollten Sie die Platzwahl als einen Aspekt des Abends ansehen, der Ihrer souveränen Entscheidung obliegt. Vor allem bei Elternabenden in Schulen ist das wichtig, denn die freie und selbstbestimmte Platzwahl ist das erste und prägende Element Ihrer Situation als Eltern in diesem Raum. Es gab eine Zeit, da haben Sie einen solchen Raum betreten und konnten nicht frei entscheiden, wo Sie sich niederlassen wollten, denn eine höhere Macht, aka Lehrkraft, hatte eine sogenannte Sitzordnung erlassen, der Sie sich auch dann zu unterwerfen hatten, wenn es bedeutete, dass Norman mit den selten gewaschenen Socken neben Ihnen Platz nehmen würde. Damals waren Sie ein Schüler, heute sind Sie Vater oder Mutter eines Schülers, und Sie werden sich, verdammt noch mal, dahin setzen, wo SIE wollen. Tun Sie es nicht, warten Sie auf die Aufforderung von Frau Leimbach-Knorr, wo Sie sich hinsetzen sollen, und Sie landen garantiert wieder neben Norman. Wehren Sie den Anfängen!

25

WIE SIE IHREN SITZNACHBARN WÄHLEN

Abgesehen von den Fällen, in denen Sie mit einem Bekannten zum Elternabend gehen, neben dem Sie auch sitzen wollen, müssen Sie der Frage nach dem richtigen Sitznachbarn also etwas Aufmerksamkeit schenken.

Problematisch kann es bereits werden, wenn Sie mit einem Bekannten zum Elternabend gehen, neben dem Sie NICHT sitzen wollen. Denkbar ist zum Beispiel folgender Fall:

Sie gehen zum ersten Elternabend in der 5. Klasse an der weiterführenden Schule Ihrer Tochter. Sie wissen, dass Adriana-Elisa, die Ihrer Tochter immer die Radiergummis geklaut hat, auch in diese Klasse geht. Das war zwar nicht geplant, hat sich aber so ergeben. Adriana-Elisas Mutter wird also mit großer Wahrscheinlichkeit auch auf dem Elternabend sein. Die Nervensäge.

Nun werden aus der Frühzeit des Menschen verbliebene soziale Verhaltensweisen vermutlich dazu führen, dass Sie beide, da Sie sich inmitten einer Versammlung fremder Menschen schon kennen, zwangsläufig auf nebeneinanderstehenden Stühlen Platz nehmen werden. Fragen Sie mich nicht warum! Es ist so. Vielleicht war das in der Stammesphase hilfreich, wenn man befürchten musste, dass Angehörige fremder Stämme Sie erst umbrachten und dann nach Ihrem Namen fragten, aber heute könnten wir mit solchen Situationen doch eigentlich anders umgehen.

Theoretisch könnten Sie beim Betreten des Raumes der Mutter von A.-E. freundlich zulächeln und sich dann ganz weit weg von ihr ans Fenster setzen. Theoretisch. Praktisch wird sie sich strahlend auf den Stuhl neben Ihnen fallen lassen und sagen: »Ist es nicht schön, dass unsere Mädchen in derselben Klasse sind? Da haben sie wenigstens schon ein bekanntes Gesicht.«

Genau das ist es. Das bekannte Gesicht, auch wenn man bei seinem Anblick am liebsten unter den Tisch tauchen möchte, ist dem unbekannten Gesicht vorzuziehen. Ihre Tochter wird wahrscheinlich ähnlich empfinden – und ihre Radiergummis wegpacken –, aber im Unterschied zu ihr haben Sie Möglichkeiten, diese Situation zu gestalten. Dieses Kapitel soll Ihnen dabei helfen.

Erster und einfachster Ausweg: Sie suchen sich einen Platz ohne Nachbarn. Zum Beispiel zwischen der Heizung und dem Computerschrank.

Zweiter Ausweg: Sie setzen sich auf einen Platz, der bereits Nachbarn hat. Es erfordert ein wenig Mut, sich auf den einen freien Stuhl zu setzen, den andere in dem in Deutschland traditionell starken Bedürfnis, zum Nachbarn gesunde Distanz zu halten, frei gelassen haben, aber verzweifelte Situationen rechtfertigen verzweifelte Maßnahmen.

Dritter Ausweg (wenn Ihr traditionelles Bedürfnis nach Distanz zu stark ist): Sie suchen sich einen Platz, von dem es unwahrscheinlich ist, dass A.-Es Mutter ihn wählen wird. Zum Beispiel einen in der ersten Reihe, dicht vor der Lehrerin.

Vierter Ausweg: Sie gehen wieder, aber das wäre natürlich ein Zeichen von Schwäche.

Denkbar ist übrigens auch, dass A.-E.s Mutter vor demselben Problem steht wie Sie. Dessen können Sie sich sicher sein, wenn Sie sich aufatmend neben sie setzen und sagen: »Ist es nicht schön, dass unsere Mädchen in derselben Klasse sind? Da haben sie wenigstens schon ein bekanntes Gesicht« und sie mit den Worten »Ich hab den Parkschein vergessen« aufspringt und aus dem Raum eilt. Wenn sie wiederkommt, setzt sie sich, ohne Blickkontakt mit Ihnen, auf einen anderen Platz, und das ist der *fünfte Ausweg* aus der beschriebenen Situation.

Wenn Sie noch keinen der Teilnehmer kennen, halten Sie sich einfach an die oben erwähnte traditionelle Regel, zwischen sich und anderen mindestens einen Stuhl frei zu lassen. Das ist nah genug, um sich einen Kugelschreiber zu borgen, und Distanz genug, um keine geflüsterten Bemerkungen über die Frisur der Lehrerin zu provozieren. Es sei denn, Sie möchten welche machen, dann ist es wieder nah genug. Einen Sonderfall stellt die Situation dar, dass Sie sehr gerne neben jemandem sitzen wollen, ihn oder sie aber nicht gut genug kennen, um das ganz selbstverständlich zu tun. Wenn es sich also nicht um die Mutter von Adriana-Elisa handelt, sondern zum Beispiel um einen Prominenten.

Das gibt es. Immerhin gehen nicht alle Kinder von Stars, Fußballspielern und Politikern auf teure Privatschulen. Manche leben ganz normal in Häusern und gehen auf Schulen und vielleicht sogar in dieselbe Schule wie Ihr Kind.

Aus eigener Erfahrung kann ich Ihnen nur raten: Handeln Sie extrem. Machen Sie entweder einen weiten Bogen um den Prominenten, signalisieren ihm auf diese Weise, dass er hier nur ein Elternteil ist wie alle anderen auch, jawoll, und versuchen Sie, beim allgemeinen Aufbruch ein Autogramm zu bekommen.

Oder aber Sie verhalten sich wie ein Teilzeit-Stalker, setzen sich strahlend neben ihn, fangen sofort an, seine letzte CD oder sein letztes Tor oder was auch immer zu loben, betonen, wie sehr Sie hoffen, dass Ihre Kinder beste Freunde werden, und verhalten sich überhaupt so peinlich wie möglich. Er wird es gewohnt sein, und Sie sind wenigstens ehrlich, und Ihr Autogramm werden Sie auch bekommen.

26

WIE SIE IHREN PLATZ WÄHLEN, WENN SIE FRÜHER GEHEN WOLLEN

Eigentlich ist diese Frage ganz einfach zu beantworten: dicht neben der Tür. Aber nur dann, wenn Sie früher gehen wollen, weil Sie früher gehen wollen. Weil vielleicht der Babysitter nur bis neun Uhr Zeit hat oder Sie zu Hause auf einen wichtigen Anruf warten oder weil Bayern München gegen Real Madrid spielt.

Wenn Sie hingegen früher gehen wollen, um Ihr Missfallen an einer bestimmten Entscheidung auszudrücken, also aus Protest, müssen Sie Ihren Platz so wählen, dass alle mitkriegen, dass Sie früher gehen. In diesem Fall ist ein Platz empfehlenswert, der so weit weg von der Tür liegt wie möglich.

In beiden Fällen sollte es ein Platz am Ende einer Reihe sein (falls Sie auf Stühlen in Reihen sitzen). Es behindert Ihren Aufbruch, und wenn Sie aus Protest gehen, vermindert es die Symbolkraft Ihres Handelns, wenn Sie sich über die Beine der Teilnehmer hinweg einen Weg suchen müssen wie ein Hürdenläufer. Sollten Sie an Tischen sitzen, müssen Sie Ihren vorzeitigen Aufbruch langfristig vorbereiten. Am besten ist natürlich ein Stuhl ohne Tisch. Am zweitbesten ist einer mit Tisch und einem weiteren Stuhl. Schieben Sie zu Beginn des Elternabends Ihren Stuhl einfach neben einen anderen an einen bereits besetzten Tisch, murmeln Sie dem dort sitzenden Teilnehmer zu: »Ich setz mich mal zu Ihnen«, und schon haben Sie eine gute Ausgangsbasis für Ihren Abgang.

Alle anderen Komplikationen, die sich aus einem frühen Abschied vom Elternabend ergeben, wurden bereits an anderer Stelle behandelt, hier soll es nur um die Wahl des Sitzplatzes gehen.

Wenn Sie aus Termingründen früher gehen wollen, können Sie das übrigens als Begründung für jede Platzwahl vorbringen. Mit den Worten »Ich muss nämlich früher gehen« können Sie sich sowohl ganz nach vorne als auch ganz nach hinten, neben einen bestimmten Teilnehmer oder ganz weit weg von einem anderen setzen. Praktisch nie werden Sie erleben, dass jemand zurückfragt: »Und warum setzen Sie sich dann ausgerechnet hier hin?«

Ebenfalls praktisch nie wird man versuchen, Sie aufzuhalten. Warum auch? Indem Sie schon am Beginn des Elternabends vorausschauend geplant haben, wie Sie ihn wieder verlassen werden, haben Sie bewiesen, dass Sie ein verantwortungsbewusster und zuverlässiger Mensch sind. Solche Menschen brauchen wir in Führungspositionen. Jetzt müssen Sie nur aufpassen, dass Sie nicht aufgrund Ihrer für alle sichtbaren Führungsqualitäten beim nächsten Elternabend in ein Amt gewählt werden.

Aber dazu später mehr.

27.

WIE SIE DIE TRATSCHTANTEN IM HINTERGRUND ERTRAGEN LERNEN

Elternabende dienen in erster Linie der Weitergabe von Informationen.

Damit ist noch nicht festgelegt, von wem an wen diese Informationen weitergegeben werden und um was für Informationen es sich handelt. Wir sind heutzutage einer Fülle von Detailinformationen ausgesetzt und müssen sowohl Prioritäten setzen, welche wir überhaupt abspeichern, als auch lernen, mehrere Informationsquellen gleichzeitig in uns aufzunehmen. Unsere Kinder führen uns jeden Tag vor, dass ein solches Vorgehen möglich ist, wenn sie gleichzeitig Hausaufgaben machen, WhatsApp-Nachrichten beantworten und der neuesten Folge von *How I met your mother* folgen. Auf Elternabenden fällt die Rolle dieses innovativen Verhaltens den Teilnehmer/innen (es sind fast immer -innen, Gechlechtergerechtigkeit hin oder her) im Hintergrund zu. Sie stellen sich der Aufgabe, gleichzeitig einen Leserbrief an die Tageszeitung zu schreiben, den Ausführungen der Lehrkraft »How I teach your daughter« zu folgen und die Nachbarin über die erzieherischen Defizite diverser Kinder aus der Parallelklasse zu informieren.

Für Sie als interessierte Teilnehmer der Veranstaltung ist dieses Verhalten in erster Linie nervtötend. Im hinteren Drittel des Raumes entsteht eine Art Klangteppich aus gemurmelten Worten, knapp unterhalb der Frequenz, in der Sie wenigstens verstehen könnten, worüber die da hinten tratschen, aber deutlich oberhalb dessen, was sie als Hintergrundgeräusch ignorieren könnten, wie etwa die Heizung oder den Computer, der den täglichen Systemcheck ausführt.

Sich halb nach hinten wenden und »Ruhe!« zischen, unterbricht diesen Klangteppich höchstens für Sekunden. Anders als Sigmund Freud glaubte, ist nicht die Libido das stärkste Bedürfnis im Menschen, sondern das nach Information. Wir wollen wissen, was die Mutter von Isidor-Marvin geantwortet hat, als die Schulleiterin ihr sagte, ihr Sohn gebrauche im Unterricht »4-Buchstaben-Wörter«. Und wir wollen die Wörter wissen.

In ganz schweren Fällen kann man sich mit dem ganzen Körper nach hinten drehen und laut und vernehmlich »Jetzt seien Sie doch endlich mal still, wir anderen wollen hören, was vorne gesagt wird!« rufen. In der Hoffnung, dass sich zustimmendes Gemurmel unter »den anderen« erheben wird. Es schmerzt, es zugeben zu müssen, aber diese Methode wirkt am besten mit einer männlichen Stimme. So um die 40. Dreitagebart ist hilfreich. Mindestens fünf Minuten Ruhe sollten sich so erreichen lassen.

Radikaleres Vorgehen empfiehlt sich nur dann, wenn Sie ganz sicher sind, dass Sie es ertragen, selbst zum Gegenstand des Hintergrundgemurmels zu werden, etwa auf einem Elternabend anderswo mit einer Teilmenge der jetzt anwesenden Eltern. Dann können Sie auch ebenfalls laut und vernehmlich sagen: »Könnten Sie bitte noch einmal wiederholen, was Sie eben über den Modegeschmack des Schulleiters gesagt haben? Wir hier vorne haben nicht alles verstanden.«

Wenn das nicht für Ruhe sorgt, dann zumindest für interessantere Hintergrundgeräusche.

Oder Sie schließen sich den Tratschtanten an und verbessern auf diese Weise Ihre eigenen Multitaskingfähigkeiten. Ihre Kinder werden es Ihnen danken, wenn Sie in Zukunft nicht mehr behaupten: »Ihr könnt unmöglich drei Bildschirme gleichzeitig im Auge haben und etwas lernen.« Sie dürfen dann nur nicht behaupten, Sie hätten nicht mitbekommen, dass die Klassenfahrt nach Paris geht, weil Sie sich auf zu viele Informationen gleichzeitig konzentrieren mussten.

28.

WIE SIE DIE AUFMERKSAMKEIT DES EINZIGEN VATERS ERRINGEN — ODER ABWEISEN

Elternabende sind nur bedingt als Flirtmeile geeignet. Nur in ganz seltenen Fällen werden sich echte Nicht-Eltern unter die Teilnehmer mischen. Ein solches Szenario könnte folgendermaßen aussehen:

Sie betreten den Veranstaltungsraum und setzen sich auf einen freien Stuhl. Sie seufzen im Einklang mit dem trüben Himmel vor dem Fenster. Im Hintergrund läuft depressive Musik. Herbert Grönemeyer vielleicht. Dann öffnet sich die Tür und ein so strahlend schönes Exemplar des von Ihnen präferierten Geschlechts betritt den Raum, dass sich der Himmel schlagartig aufhellt und die Musik zu Hans Zimmer wechselt. Traumexemplar lässt sich auf einen freien Stuhl neben Ihnen fallen und sagt: »Hallo, schön, dich kennenzulernen. Ich bin nur wegen meines Neffen hier.«

Und dann wachen Sie auf.

Auch der einzeln auftretende Elternteil eines einzelnen Kindes kann jedoch Interesse wecken, und wenn Sie sich in einer entsprechenden Situation befinden, kann ein Elternabend durchaus ein geeigneter Ort sein, »um jemanden kennenzulernen«, wenn Sie es richtig anfangen.

Nehmen wir an, Sie sind weiblich und möchten die Aufmerksamkeit des einzigen anwesenden Vaters erringen. In unseren aufgeklärten, geschlechtergerechten Tagen nimmt die Zahl der Väter auf Elternabenden zwar zu, sieht sich aber immer noch einer deutlichen weiblichen Mehrheit gegenüber. Wie bei Unternehmensvorständen, nur umgekehrt.

Wenn ein Vater an einem Elternabend teilnimmt, ist er also entweder Angehöriger einer Avantgarde, der modernen, Windeln wechselnden, Buggy schiebenden Vätergeneration, oder er lebt von Frau und Kind getrennt und nimmt seinen Anteil des gemeinsamen Sorgerechts wahr. Alleinerziehende Väter sind noch seltener. Noch.

Natürlich muss Ihnen eines klar sein: Sie sind keine Frau, sondern eine Mutter, sonst wären Sie ja nicht auf einem Elternabend (es sei denn, Sie sind wegen Ihres Neffen hier). Vom

Frau-Modus in den Mutter-Modus zu wechseln geht meistens rascher als von Mutter wieder zu Frau, unter Umständen reicht eine Nacht. Wenn Sie nun den Mutter-Modus vorübergehend auf die Speicherkarte verschieben wollen, müssen Sie deshalb nicht in Netzstrümpfen und High-Heels kommen, es genügen ein paar Sätze wie »Dass ich Kinder habe, bedeutet nicht, dass ich kein eigenes Leben mehr habe«, oder »es tut meinen Kindern gut, wenn sie auch mal einen Abend alleine zurechtkommen müssen«. Damit eröffnen Sie ihm die Möglichkeit, Sie ohne schlechtes Gewissen hinterher noch auf ein Getränk einzuladen, vorausgesetzt, sein Babysitter ist genauso flexibel wie Ihrer.

Um eine Gesprächsbasis herzustellen, dürfen Sie den Mutter-Modus aber nicht völlig aufgeben, immerhin sind Kinder das Einzige, von dem Sie bisher sicher wissen, dass Sie es mit diesem Mann gemeinsam haben. Kinder werden Ihr erstes Gesprächsthema sein, hinterher in der Kneipe. Pech, wenn sich herausstellen sollte, dass es auch das einzige ist. Sie können immer noch hoffen, dass beim nächsten Elternabend die Mutter des Kindes an der Reihe ist, das gemeinsame Sorgerecht wahrzunehmen.

Sollte der einzige anwesende Vater an Ihnen interessiert sein und damit auf kein Gegeninteresse stoßen, können Sie sich seiner auf einfache und brutale Weise entledigen, indem Sie die Bemerkung fallen lassen, wie schade Sie es finden, dass seine Frau nicht kommen konnte, weil Kinder doch eigentlich die Aufgabe der Mütter sind. Er wird Sie hassen, und das wollten Sie doch, oder?

Denn Kinder sind heute weniger denn je die Aufgabe nur eines Elternteils. Eigentlich benötigte man, wenn schon nicht ein ganzes Dorf, so doch mindestens beide Eltern in Vollzeitpräsenz zu Hause, um nur einen kleinen Teil von dem leisten zu können, was die Ratgeberliteratur als unerlässlich beschreibt. Aber dann kommt früher oder später der Punkt, an dem Ihr Kind zu einem Schulkameraden sagt: »Nur weil ich Kind bin, heißt dass nicht, dass ich kein eigenes Leben habe, und es tut meinen Eltern gut, wenn sie mal einen Abend ohne mich zurechtkommen müssen.«

29.

WIE SIE DEN VERHINDERTEN LOKALPOLITIKER ERKENNEN

Geben Sie sich keiner Illusion hin: Ein Elternabend ist eine Bühne. Und man muss sich nicht einmal einem Casting stellen, um hinauf zu dürfen. Kinder haben genügt.

Die meisten Ihrer Mit-Eltern werden im »realen« Leben (dabei ist nichts realer als ein Elternabend) halbwegs normale Berufe ausüben wie EDV-Berater oder Reisekauffrau. Berufe also, bei denen Stage Presence nicht zwingend gefragt ist. Aber hin und wieder wird jemand auftauchen, dessen erste Bühne am Tag vor dem Badezimmerspiegel liegt, und er wird Ihren Elternabend zu Deutschland-sucht-die-Super-Eltern umfunktionieren. Ich nenne ihn den verhinderten Lokalpolitiker, aber er kann im »realen« Leben durchaus auch Radiomoderator oder Kabarettist sein.

Mit etwas Übung erkennt man ihn schon, wenn er den Raum betritt. Am siegessicheren Schritt, am kühnen Feldherrenblick, der einmal durch den Raum schweift und die strategisch günstigen Plätze sofort erfasst. Wo muss ich mich hinsetzen, damit meine Wortbeiträge von allen gehört und mein strahlendes Lächeln von allen gesehen werden kann? Der verhinderte Lokalpolitiker macht das täglich beim Frühstück.

Die erste Viertelstunde des Elternabends verfolgt der verhinderte Lokalpolitiker zurückgelehnt auf seinem Stuhl, die Beine lässig übereinandergeschlagen und den Ellbogen auf der Lehne des Nachbarstuhls. Ab Minute 16 ungefähr wird er unruhig, richtet sich auf, nickt einige Male oder schüttelt energisch den Kopf. Und spätestens nach 20 Minuten hebt er die Hand und ruft: »Darf ich dazu mal etwas sagen?«

Die Hand, nicht etwa den Finger! Lokalpolitiker geben keinen Fingerzeig, sie nehmen die Sache in die Hand. Und das »darf ich« ist auch nur eine rhetorische Floskel. Wie das »die Kollegen von der Opposition« im Wahlkampf.

Und dann redet er. Sie als gewöhnliche Teilnehmer, als Fuß- oder Wahlvolk, dürfen sich jetzt zurücklehnen und seine Rede genießen. Wenn Sie Glück haben, hat sie sogar mit dem Thema des Abends zu tun. Wenn er fertig ist, dürfen Sie klatschen. Sollten Sie es ironisch meinen, weil er gerade der Lehrerin die Show und Ihnen die Zeit gestohlen hat, wird er es nicht einmal merken.

30.

WIE SIE MIT DER VERHINDERTEN LOKALPOLITIKERIN UMGEHEN MÜSSEN

In der Politik mag in Deutschland Gleichberechtigung vor-herrschen, herrschen tut sie deshalb noch lange nicht. Sie kennen das doch aus dem alltäglichen Sprachgebrauch: Wenn man vor-hat, etwas zu tun, heißt das noch lange nicht, dass man es tut.

Politiker und Politikerinnen unterscheiden sich mit bleibender Unbarmherzigkeit wie Väter und Mütter. Der Vater auf dem Elternabend im Kindergarten wird vehement dafür eintreten, dass die Kinder schon mit zwei Jahren an die Benutzung von iPads herangeführt werden, aber er wird derweil nicht sein eigenes iPhone auf dem Schoß liegen haben, falls ein Anruf von zu Hause kommt. Möglicherweise wird ihn in diesem Moment das iPad an sich sogar mehr interessieren als sein Kind. Das ist kein Mangel an Vaterliebe, das sind die Gene. Wenn der Neandertaler seinen Speer auf das nächstliegende Mammut richtete, konnte er sich keine besorgten Gedanken an Weib und Kind in der Höhle leisten. Eine Mutter kann und muss mehrere Dinge gleichzeitig im Blick behalten. Selbst wenn sie den Dreijährigen am Treppengeländer festgebunden hat, während sie wartet, dass die Milch für den Milchreis warm wird, muss sie beide beobachten und jederzeit eingreifen können. In der Regel schafft es der Dreijährige, die Geländerstangen durchzubeißen, wenn die Milch kocht.

Eine Politikerin stellt sich derselben Herausforderung nur auf einer quantitativ größeren Skala. Selbst wenn sie keine eigenen Kinder hat, verlangen die Gene von ihr, Mutter der Nation oder des Wahlkreises zu sein und allen gleichzeitig gerecht zu werden. Die verhinderte Lokalpolitikerin auf dem Elternabend sucht anders als ihr männlicher Kollege nicht die Bühne, sondern das Problem. Sie ist hier, um es zu lösen. Wenn sie besonders begabt ist, wird sie die Erste sein, die es überhaupt zutreffend beschreiben kann. Der Moment, dies zu tun, wird von der verhinderten Lokalpolitikerin häufig durch energisches Schließen der Handtasche angekündigt. Es ist unerheblich, warum diese vorher offen war, das deutliche Klicken des Schnappverschlusses signalisiert den Teilnehmern, dass jetzt Schluss ist mit lustig. Jetzt muss geredet werden! Und das tut sie dann auch. Möglicherweise steht sie dazu auf und wendet sich beim Sprechen abwechselnd allen Seiten des Plenums zu, denn anders als der verhinderte Lokalpolitiker hat sie sich ihren Platz strategisch in der Mitte des Volkes … äh, der Teilnehmer gesucht. Sie ist eine von Ihnen, kommt aus Ihrer Mitte und spricht zu Ihnen als Schwester im Geiste.

Nur, dass sie genau weiß, was zu tun ist, und Sie nicht.

Nur selten wird die verhinderte Lokalpolitikerin den Applaus ihres männlichen Kollegen ernten, ob ironisch oder ernst gemeint. Viel öfter wird es passieren, dass eine andere verhinderte Lokalpolitikerin in einer anderen Ecke des Raumes aufsteht und eine flammende Gegenrede hält. Dann befinden Sie sich im verhinderten Lokalwahlkampf und können nur hoffen, dass sich in der Nähe des Veranstaltungsortes ein geeignetes Lokal befindet und Sie nicht verhindert sind, dort anschließend noch etwas trinken zu gehen.

Am besten Sie tun, was Sie auf jeder anderen Wahlkampfveranstaltung auch täten: Sie tun so, als hörten Sie zu, und halten Ihre Entscheidung geheim. Es sei denn, Sie hören selbst die leise Stimme der Berufung zur Lokalpolitikerin in Ihrem Herzen. Dann wird es Zeit für die dritte Rede zum selben Thema. Denn die beiden Vorrednerinnen haben einen entscheidenden Aspekt einfach ignoriert …

31.

WIE SIE ES VERMEIDEN, DIE VERHINDERTE MÄRTYRERIN ZU SEIN

Märtyrer haben eine ganz schlechte Lobby zur Zeit. In der Regel ist die Erwähnung ihres Standes mit Bildern von umherfliegenden Metallteilen und Blutflecken auf Sand verbunden und findet in den Abendnachrichten statt. Im Religionsunterricht einer meiner Töchter ergab sich dazu einmal folgender Dialog.

Lehrer: Wisst ihr, was ein Märtyrer ist?

Schülerin: Ein Auto.

Lehrer: ??????

Schülerin: Na, ein Auto mit mehr als zwei Türen. Ein Mehrtürer eben.

Lehrer: !!!!!

Ein Märtyrer im wissenschaftlichen Sinne ist ein Zeuge. Im antiken Griechenland, aus dessen Sprache das Wort stammt, war es einfach ein Zeuge vor Gericht. Also derjenige, der den Zusammenstoß zwischen Sokrates und dem Gemüsehändler mit eigenen Augen gesehen hatte und vor Gericht aussagte, dass es Sokrates gewesen war, der nicht aufgepasst hatte, weil er in Gedanken versunken die Athener Hauptstraße überquert hatte, ohne nach rechts und links zu schauen.

Auf einem Elternabend bedeutet zum Märtyrer zu werden, für einen Standpunkt, eine Wortmeldung oder eine vertretene Meinung den Löwen vorgeworfen zu werden. Die Rolle der Löwen wird meistens von den anderen Teilnehmern übernommen, und es gibt verschiedene Wege, zur Märtyrerin zu werden. Sie sollten sie alle kennen und vermeiden.

Der breiteste und am häufigsten gewählte Weg ist der, gegen etwas zu sein, und zwar als Einzige. Wenn Sie denn wollen, rufen Sie sich aus lang zurückliegenden Deutschunterrichtsstunden ein Gedicht Erich Kästners über Gotthold Ephraim Lessing ins Gedächtnis, das die Zeilen enthält: »Nichts auf der Welt macht so gefährlich, als tapfer und allein zu sein.« Und dann stehen Sie auf und sprechen die bedeutungsschweren Worte: »Nicht mit meiner Tochter.«

Egal, ob es sich darum handelt, dass die Kinder auf der Klassenfahrt abends nach Zecken abgesucht werden müssen, oder um die Frage, ob auf dem Satz T-Shirts, den eine Salzgebäckfirma der Schule gespendet hat, das Firmenlogo stehen darf – eine Gelegenheit, zur Märtyrerin zu werden, wird sich finden. Ich rate trotzdem dazu, es zu vermeiden, und zwar aus einem einfachen Grund: Nicht Sie werden letztlich den Löwen vorgeworfen für Ihren Bekennermut auf dem Elternabend, sondern Ihr Kind. Wenn Sie also gegen etwas sein wollen, formulieren Sie es als Frage. »Ist das mit den T-Shirts wirklich so eine gute Idee? Ernährungswissenschaftlich haben diese Produkte eher eine nicht so gute Bilanz.«

Oder halten Sie einfach den Mund und TUN Sie etwas dagegen. Waschen Sie das T-Shirt mit 90 Grad, und die Angelegenheit dürfte sich erledigen.

Seltener wird sich Ihnen die Gelegenheit, zur Märtyrerin zu werden, bieten, indem Sie FÜR etwas sind. Beispielsweise wenn es darum geht, einer Klassenlehrerin, die schnöderweise die Kinder im Stich lässt und überraschend ein halbes Jahr krankgeschrieben wird, trotzdem eine Genesungskarte mit den Unterschriften aller Eltern zu überreichen. Wobei sich dann herausstellen könnte, dass es Komplikationen in ihrer Schwangerschaft sind, die die Lehrerin zu diesem Treuebruch gegenüber der ersten Klasse zwangen. In solchen Fällen könnte sich der Weg in die Löwengrube schon eher lohnen.

Elternabende sind häufig eine der wenigen Gelegenheiten in unserer Gesellschaft, eigene Werte und Überzeugungen anderen gegenüber standhaft zu vertreten. Außerhalb von Facebook. Wenn es die Werte und Überzeugungen wert sind, tun Sie es! Aber denken Sie daran, bei den Märtyrern der christlichen Geschichte hat es Jahrhunderte gedauert, bis sie heilig gesprochen wurden.

WIE SIE DEN NICHTMUTTERSPRACHLICH DEUTSCHEN ELTERN BEGEGNEN, DIE KEIN WORT VERSTEHEN

Die Gegenwart ist bunt. Und vielsprachig. Auf Elternabenden kann es schon mal zugehen wie bei einer UNO-Vollversammlung. Auch wenn Ihnen andere Teilnehmer des Elternabends auf den ersten Blick von Farbe, Haartracht und Kleidung her eher unvertraut vorkommen, es sind Eltern genau wie Sie und ich.

Stellen Sie sich vor, Ihr Kind besuchte während eines Aufenthaltes der ganzen Familie in Hongkong zum Beispiel die Schule und Sie träfen beim ersten Elternabend diverse andere Elternpaare aus dem diplomatischen Dienst und einige chinesischsprachige Eltern. Sie mögen an Ihrer bisherigen Schule in Castrop-Rauxel multikulturell bis in die hennagefärbten Haarspitzen gewesen sein, in Hongkong werden Sie sich plötzlich deutsch fühlen. Spätestens auf dem Elternabend, wenn plötzlich mehr Menschen um Sie herum chinesisch reden, als sie gleichzeitig im Auge behalten können. Wir dürfen annehmen, dass es den nicht-muttersprachlich deutschen Eltern auf dem Elternabend hier ähnlich geht. Sie möchten ja gerne verstehen, nur was eigentlich? Ein Elternabend kann ja schon für muttersprachlich deutsche Eltern vollkommen unverständlich sein.

In solchen Situationen geht der elterliche Beschützerinstinkt in den Overdrive. Man lächelt, man macht gute Miene zum unverständlichen Spiel, man schielt nach rechts und links, was die anderen machen, und hofft, dass man alles mitgekriegt hat, was hinterher wichtig gewesen sein wird, und dass die Kinder nicht darunter leiden müssen, sollte es nicht so sein. Ich erinnere mich an derartige Situationen in der Grundschule. An Kinder, deren

Eltern nicht mitgekriegt hatten, dass und wann Wandertag war, und statt mit Rucksack mit Schultasche erschienen. Semi-traumatisierend, für Kinder und Eltern. Wenn Sie pädagogisch und politisch korrekt sein wollen (und das wollen Sie. Die Grundschule ist die Destille abendländischer Ethik. Hier werden Werte praktiziert oder nirgends!), schreiben Sie sich alle wichtigen Termine auf einen Zettel und reichen ihn dem russisch sprechenden Elternpaar zwei Stühle neben Ihnen weiter. Und wenn die dann in perfektem Deutsch antworten »Vielen Dank, das ist sehr freundlich von Ihnen«, dürfen Sie sich auf die politisch-korrekte Schulter klopfen. Sie haben es gut gemeint, und in Hongkong hätte Ihnen garantiert auch jemand geholfen.

Grundschulelternabende sind die Elternabende, die am leichtesten zu UNO-Vollversammlungen geraten. Weil alle Kinder in Deutschland schulpflichtig sind, strömen sie aus allen Ecken und Enden des Globus (wenn der denn Ecken hätte) in unsere Klassenzimmer. Perfekte Deutschkenntnisse kann man in diesem Alter nicht einmal von Kindern erwarten, die seit frühester Kindheit nur deutsche Filme gesehen haben. Kommunikation und Verständigung brauchen ein vor-sprachliches Fundament. Im Kindergarten sind es die Bilder statt Buchstaben für die Gruppe, und das geht in der Grundschule noch ein wenig so weiter. Ihr Kind ist plötzlich in der Igel-Klasse. Machen Sie sich diesen Bildreichtum zunutze. Sagen Sie sich und den Ecken-und-Enden-Eltern »Wir sind die Schule!« und »Unter uns Igel-Eltern, ich verstehe auch nicht, wovon da vorne grade die Rede ist. Wahrscheinlich wieder irgendeine Rechtschreibreform«.

WIE SIE DEN NICHT-MUTTERSPRACHLICH DEUTSCHEN ELTERN BEGEGNEN, DIE JEDES WORT VERSTEHEN

Im Rheinland erzählt man sich folgende Geschichte. Ein Kölner beobachtete auf der Domplatte einen Mann dunkelster Hautfarbe, der in Betrachtung des berühmten Kölner Doms versunken zu sein schien. In der Annahme, einen Ausländer vor sich zu haben, sprach der Kölner ihn an, und zwar etwa folgendermaßen: »Sis is auer wäri fäimus Käsidräll.«

Sprach sein Gegenüber: »Faimus Käsidräll? Dat is de Kölsche Dom, du Jeck.« Er war in Müngersdorf aufgewachsen.

So etwas Ähnliches kann Ihnen auf einem Elternabend mit multikultureller Beteiligung auch passieren. Der vietnamesische Vater kann durchaus in Deutschland zur Welt gekommen sein, die dunkelhäutige Mutter von Larry und Francis kann Pfälzer Dialekt sprechen, und die Mutter von Abdul, die in langem Rock und Kopftuch erscheint, ist überhaupt Deutsche und zum Islam übergetreten. Alles, was Sie zu wissen glaubten, kann auch ganz anders sein.

Lassen Sie Vorurteile zu Hause. Nicht nur vor Elternabenden. Natürlich stimmt es nicht, dass alle Kinder unschuldige Engelchen sind, denen es gar nichts ausmacht, wenn ihre Spielgefährten eine andere Hautfarbe haben oder eine andere Sprache sprechen. Kinder brauchen nicht einmal Hautfarben oder Sprachen als Ausrede, um ein anderes Kind »doof« zu finden und nicht mitspielen zu lassen. Menschen sind so. Auch sehr junge Menschen.

Zum Glück nicht alle, und wenn Sie auf einem der Elternabende, die eher einer UNO-Vollversammlung gleichen, die

Erfahrung machen, dass der muttersprachlich arabische Vater eine Nervensäge ist, sind Sie deshalb nicht gleich islamophob. Sie sind ja auch nicht stuttgartophob, weil der aus dem Ländle stammende Vater von Kevin-Richard Ihrer Meinung nach auch eine ist. Nervensägen gibt es in allen Formen und Farben.

Eltern anderer Sprache und Kultur, die dem Elternabend folgen und dazu beitragen können, sind Ihre Mitarbeiter bei der Gestaltung der Zukunft des Planeten.

Eben wie bei der UNO.

34.

WIE SIE DEN SEHR WOHL MUTTERSPRACHLICH DEUTSCHEN ELTERN BEGEGNEN, DIE TROTZDEM NICHTS VERSTEHEN (WEIL SIE NIE ZUHÖREN)

Unter den oben genannten Nervensägen aller Formen und Farben nimmt dieser Typus eine Vorrangstellung ein. Er (oder sie) ist zum Beispiel ins Gespräch mit dem Nachbarn vertieft und nimmt auf einmal aus den Augenwinkeln wahr, dass über irgendetwas abgestimmt wird, unterbricht daraufhin das Ko-Referat und ruft ohne Wortmeldung in den Raum: »Können wir das bitte noch mal wiederholen? Ich habe nichts verstanden.«

Statt eines Gesprächs mit dem Nachbarn kann es sich auch um einen WhatsApp-Chat handeln oder um eine Partie Candy Crush auf dem Smartphone. Es handelt sich um Teilnehmer, die davon ausgehen, die auf dem Elternabend verbreiteten Informationen teilten sich irgendwie per Osmose mit, und so langweilige Tätigkeiten wie Zuhören und Mitschreiben seien entweder unter ihrer Würde oder ein Zeichen von Schwäche.

Wenn es sich um die Kinder dieser Teilnehmer handelte, würde der Veranstalter des Elternabends wahrscheinlich kühl und zutreffend sagen: »Sperr halt die Ohren auf!« Den Erziehungsberechtigten gegenüber lässt er sich zähneknirschend dazu herab, die letzten zehn Minuten zu rekapitulieren. Meistens. Es soll auch Lehrer geben, vor allem männliche Lehrkräfte in Haupt- und Realschulen, die keinen großen Unterschied zwischen Kindern und Eltern machen. Vor allem, wenn diese sich im Verhalten auch nicht groß unterscheiden.

Wenn sich die Lehrkraft aus Gründen der Höflichkeit, des höheren Bildungsabschlusses oder aus anderen Gründen zu gutem Benehmen verpflichtet sieht, müssen Sie sich als Teilnehmer dem nicht unbedingt anschließen. Ein über die Schulter nach hinten geworfenes »Dann schwatzen Sie halt nicht ununterbrochen!« kann Ihnen so etwas wie ein Purple Cross des Elternabends eintragen, verliehen von der dankbaren Lehrkraft und Ihren Beifall nickenden Mit-Eltern.

Eine andere Spielart sind Eltern, die wirklich nicht verstehen, worum es geht, obwohl sie sich große Mühe geben, aufmerksam zuzuhören. Ich gebe zu, dass ich gelegentlich trotz meines Hochschuldiploms und überdurchschnittlicher Fähigkeit, in deutscher Sprache komplizierte Sätze zu bilden, zu ihnen gehört habe. Zum Beispiel, als die Grundschullehrerin versuchte zu erklären, wie ab sofort Noten in einem gestaffelten System vergeben werden, um schwächere Schüler nicht zusätzlich zu entmutigen.

»Also, die Aufgaben 1–3 werden allen Schülern gestellt, aber die Schüler vom Leistungsniveau B müssen nur 1 und 2 bearbeiten, um volle Punktzahl zu bekommen. Die ist dann aber im besten Fall nur ein ›Gut‹, also ein lachender Smiley, während die Schüler vom Leistungsniveau A, wenn sie 1–3 richtig bearbeiten, zwei lachende Smileys und ein ›Sehr gut‹ bekommen können, aber nicht, wenn sie nur 1 und 2 bearbeiten, das wäre dann für sie also nicht volle Punktzahl.«

Hä?

Und dann wundert sie sich, wenn die Kinder das nicht verstehen und mehrmals nachfragen, welche Aufgaben sie denn jetzt machen sollen.

Es gibt also unterschiedliche Gründe, warum Eltern, die prinzipiell dazu in der Lage wären, nicht verstehen, worum es auf dem Elternabend geht. Und wenn wir ganz ehrlich sind, geht es uns beim Blick in die Zeitung, das Internet oder die Nachrichten mit dem Leben an sich doch oft ähnlich. Ich habe volles Verständnis für diejenigen unter Ihnen, die sich kurz mit dem Nachbarn über Bayern Münchens Chancen auf den Gewinn der Champions League austauschen, anstatt den Mitteilungen über die neuesten Erlasse des Kultusministeriums für den bilingualen Geschichtsunterricht zu folgen. Aber rechnen Sie damit, dass weiter vorne irgendeine Intelligenzbestie sitzt und uns anzischt: »Dann schwatzen Sie halt nicht ununterbrochen!«

35.

WIE SIE DIE VERHINDERTE WALDORFMUTTER ERTRAGEN

Eine verhinderte Waldorfmutter ist eine Mutter, die entweder selbst auf einer Waldorfschule war und vergessen hat, wie es dort war, oder eine, die nie eine Waldorfschule von innen gesehen, aber viel darüber gelesen hat. Wer wirklich Bescheid weiß über anthroposophische Pädagogik und von ihrer Nützlichkeit überzeugt ist, wird sein Kind wirklich auf eine Waldorfschule schicken. Da ich zu dieser Sorte Eltern nicht gehöre, kann ich nur über den verbreiteten Typus der verhinderten Waldorfmutter berichten. Sie trägt Rock, genau wie ihre Tochter. In mattem Rot oder Erdbraun. Ihr Haar ist locker geflochten, ebenfalls genau wie bei ihrer Tochter. Ihr Sohn trägt weite Baumwollhosen und Pullover ohne Cartoons oder Logos darauf. Er hat lange Haare und nimmt Klavierunterricht.

Die verhinderte Waldorfmutter möchte die Erkenntnisse Rudolf Steiners auch in öffentlichen Schulen zu Gehör bringen. Sie möchte, dass Eurythmie und offene Arbeitsgestaltung den trockenen und verkrampften Alltag unserer Schulkinder auflockern und beleben. Sie ist gegen Milchschnitten als Pausenfrühstück und kritisiert die Mobilfunkantenne auf dem Nachbargrundstück.

Eigentlich hat das mit Waldorfpädagogik gar nicht viel zu tun, und viele Eltern, die ihr Kind auf eine Waldorfschule schicken, wollen auch gar nicht mehr als handgefärbte Baumwollkleidchen und Dinkelkekse statt Milchschnitten. Sie wollen eine heile Welt für ihre Kinder, und, ganz ehrlich, wer wollte das nicht? Das Aufbegehren dieser Eltern auf dem Elternabend der »normalen« Schule gegen zu viel Süßkram beim gemeinsamen Klassenfrühstück, zu viele und zu frühe Smartphones und zu viel Leistungsdruck schon auf Sechsjährige ist häufig ein tapferer Versuch, den Kindern Probleme zu ersparen, die diese womöglich gar nicht haben. Uns Eltern verunsichert es, eine Sechsjährige auf einem iPhone herumtippen zu sehen. Die Sechsjährige hat das unter Umständen voll im Griff.

Aber sie sieht so gar nicht wie eine Sechsjährige aus. Jedenfalls nicht wie eine Sechsjährige in unserer Erinnerung. Wir hatten Plastiktelefone mit Wählscheiben und einer Art Fahrradklingel in dem Alter. Unsere Großeltern hatten damals Steckenpferde, und sie wussten, wie man im Kamin Feuer macht, oder konnten Kühe melken.

Unsere Kinder wachsen in eine Welt hinein, die uns fremd ist und immer fremder wird, und es ist beunruhigend, wenn die eigenen Kinder vertraut mit ihr sind. Wir sollten ihnen zeigen, wie das Leben – und das Telefon – funktioniert, nicht umgekehrt.

Die verhinderte Waldorfmutter ist die Personifizierung dieses Unbehagens. Sie hat sich für den offenen Widerstand entschieden, und ihre Kinder genießen es vielleicht sogar, ein entschiedenes »bei uns ist das so« zu erleben. »Bei uns« gibt es keine Playstation und kein McDonald's am Geburtstag, und das ist gut so! Jedenfalls für ein paar Jahre. Bis die Kinder alt genug sind, sich zu wehren. Aber bis dahin hat die verhinderte Waldorfmutter ihren Ferneinweihungskurs in Reiki gemacht und erscheint nicht mehr auf Elternabenden.

Eigentlich schade. Wir hatten uns an sie gewöhnt.

36.

WIE SIE ES VERMEIDEN, NEBEN DEN KARRIEREELTERN ZU SITZEN, DIE IMMER ZU ZWEIT KOMMEN (EVENTUELL SOGAR MIT KIND)

Karriereeltern heißt in diesem Fall nicht, Eltern, die außerdem noch irgendwie Karriere machen, sondern zwei Menschen, die im Elternsein ihre Karriere sehen. Sie haben aus diesem Grund fast immer nur ein Kind. Zwei oder gar noch mehr Kinder machen aus jeder Karriere eine Karambolage mit der Realität. Kinder darf man nicht addieren, man muss sie potenzieren.

Aber ein Kind, das lässt beiden Eltern genügend Zeit, nicht nur hastig einen Ratgeber zu verschlingen, sondern das ganze

Werk von beispielsweise Jesper Juul zu studieren und anschließend am eigenen Kind auszuprobieren.

Karriereeltern bringen häufig das Objekt ihrer Karriereplanung gleich mit auf den Elternabend. Anfangs im personalisierten Kinderwagen (mit eingesticktem Namen auf dem Sonnenschutz), aber schon im Kindergarten sitzt das Karrierekind brav zwischen Papa und Mama und blättert in *Dein kompetentes Kind*.

Als »Normalo-Eltern« sollten Sie einen gesunden Abstand zwischen sich und die Karriereeltern legen. Nicht weil es unsympathische Menschen wären, nein, um Ihrer selbst willen. Wissen Sie, wie es Napoleon erging, als sich Wellington und Blücher bei Waterloo auf ihn stürzten? Welche Chance haben Sie als gestresste Normalo-Mutter oder -Vater gegen eine Allianz aus Herrn und Frau Karriereeltern und Jesper Juul? Gar keine. Was auch immer Sie in der Erziehung Ihrer Kinder für richtig und wichtig halten, es wird eine Möglichkeit geben, es für falsch zu erklären. Sie geben Ihrem Kind die falschen Nahrungsmittel, lassen es die falschen Spiele spielen, und sogar die Schuhe, die Sie ihm gekauft haben, sind falsch. Einer der Karriereeltern wird es Ihnen mitteilen – nur, um Ihnen zu helfen, natürlich – und der andere wird bekräftigend nicken. Und alles nur, weil Sie dieses oder jenes Buch nicht gelesen haben. Die Karrieremutter wird es Ihnen ausleihen, wenn Sie möchten. Wenn Sie nicht möchten, erst recht.

Also halten Sie mindestens eine Buchlänge Abstand zu den Karriereeltern.

Auch in der Reihe vor oder hinter den Karriereeltern zu sitzen ist nicht empfehlenswert. Es sei denn, Sie besitzen ein dickes Fell und schaffen es, lange Seufzer, resigniertes Schulterzucken und geflüsterte Kommentare (Buchempfehlungen!) Ihrer Vorder- bzw. Hintereltern zu ignorieren.

Die ideale Position zu den Karriereeltern ist am anderen Ende des Raumes. Wenn es Ihnen gelingt, die Raumdiagonale zwischen sich und diese Meister all dessen, was Sie nie schaffen werden, zu legen, können Sie es vielleicht sogar genießen. Wenn die Karriereeltern den offenen Aufstand wagen gegen irgendetwas, was die Klassenlehrerin gesagt hat. Diese ist nämlich genauso Zielscheibe geflüsterter Buchempfehlungen wie Sie. Je nach Alter, Berufserfahrung und Konfektionsgröße wird sie den Karriereeltern mehr wie Wellington frontal begegnen – »Danke, ich habe genügend praktische Erfahrung mit Kindern, um sie Büchern vorzuziehen« – oder wie Blücher von der Seite her – »Oh, vielen Dank, wie nett von Ihnen. Ich werde sie mir bei Gelegenheit mal anschauen«. Diese Gelegenheit wird sich dann leider in den nächsten sechs Monaten nicht ergeben.

Als teilnehmende Eltern sollten Sie es auf alle Fälle vermeiden, eines der von den Karriereeltern empfohlenen Bücher in die Hand zu nehmen, denn dann sind Sie verloren. Der Karrierevater wird das Buch für Sie aufblättern, Ihnen die Seite, die Sie seiner Meinung nach besonders interessieren sollte, vielleicht auch noch vorlesen und dabei bestätigend mit dem Zeigefinger auf das Buch klopfen.

Wenn Sie wissen, dass sich auf dem von Ihnen besuchten Elternabend wahrscheinlich Karriereeltern einfinden werden, hier ein kleiner Tipp: Stecken Sie sich einen Schokoriegel ein. Nicht einen stabilen haltbaren aus Halbbitterschokolade, sondern eine edle Schweizer Kreation mit Füllung, die in der Hosentasche schnell weich wird. Wenn Sie merken, dass die Karriereeltern in Ihrer Nähe Platz nehmen, essen Sie den Schokoriegel! Wenn Ihnen dann ein wertvolles Buch über Kindererziehung entgegengereckt wird, halten Sie mit bedauerndem Lächeln ihre schokoladenverschmierten Finger hoch. Glauben Sie mir, es wirkt!

37

WIE SIE DIE PROMI-ELTERN ERTRAGEN –
UND EIN AUTOGRAMM BEKOMMEN

Das Problem der Promi-Eltern wurde bereits angesprochen, hat aber eine ausführlichere Behandlung verdient.

Je mehr Kinder Sie haben, umso größer ist die Chance – oder das Risiko –, dass Ihr Kind einen Klassenkameraden hat, dessen Eltern auf irgendeine Weise öffentlich präsent sind. Manchmal merken Sie das gar nicht. Dann spielt Ihr Kind vielleicht schon seit Jahren ganz gelassen mit dem Sohn oder der Tochter von Promi XY, geht in dessen Wohnung ein und aus und hat Promi XY vielleicht sogar schon im Bademantel gesehen, und Sie wissen es gar nicht, weil die Kinder von Promi XY unter dem Namen dessen Ehepartners geführt werden. Irgendwann sehen Sie dann beim Abholen vom Bus, der von der Chorfreizeit zurückkommt, unter den anderen Eltern dieses Gesicht, das Sie erst vorgestern noch im *Tatort* gesehen haben, und zischen Ihrer Nachbarin zu: »Sag mal, ist das nicht der XY?«

Er ist es!

Sie können jetzt natürlich nicht einfach auf ihn zugehen und um ein Autogramm bitten. Erstens, weil dann alle anderen Eltern mitkriegen würden, dass Sie als Einzige bisher nicht gemerkt haben, dass die Tochter von Kommissar XY in Ihre Klasse geht, und zweitens, weil Kommissar XY in diesem Moment gar nicht Kommissar XY ist, sondern einfach ein Vater, der seine Tochter von der Chorfreizeit abholt, also gewissermaßen ein Kollege von Ihnen. Möglicherweise sind Sie ihm sogar überlegen, weil Ihre Tochter schon viel länger im Chor singt, weswegen eigentlich er Sie um ein Autogramm bitten sollte.

Drittens, weil Sie es einfach schrecklich finden, wie sich immer alle um die Prominenten drängeln und Autogramme von ihnen wollen. Dabei sind es doch auch nur ganz normale Menschen und Eltern.

Wenn Sie Glück haben, sind Sie doch nicht die einzige, die bisher nicht gemerkt hat, dass die Tochter von Kommissar XY in diesem Chor singt, und jemand anders fragt zuerst nach einem Autogramm. Dann können Sie sich anschließen, ohne aufzufallen. Wenn Sie Pech haben, müssen Sie sich etwas einfallen lassen. Zunächst rücken Sie unauffällig näher an den Promi heran. Tun Sie so, als wichen Sie dem anfahrenden Bus aus!

Während Sie gemeinsam darauf warten, dass sich die Bustür öffnet, und auf diese Weise eine äußere Verbindung zwischen Ihnen entsteht, können Sie aus dem Mundwinkel sagen: »Ihre letzte Rolle hatte ganz schön Tiefgang, finde ich.« Wenn es kein U-Boot-Kapitän war, den er in dieser Rolle gespielt hat, wird der Promi geschmeichelt lächeln und sich bedanken. Jetzt müssen Sie das Gespräch am Laufen halten, ohne wie ein Autogrammjäger zu wirken. Am besten, Sie weichen auf die Kinder aus und stellen eine Frage. »War Ihre Tochter auch so begeistert von dem neuen Stück?«

Sie dürfen nur den Moment nicht verpassen, in dem Sie noch sagen können: »Kann ich bitte ein Autogramm haben?« Wenn Sie zu intim über Ihre Kinder plaudern, sind Sie auf einmal schon fast so etwas wie alte Freunde, und von einem alten Freund verlangt man doch kein Autogramm.

Der Königsweg ist natürlich der, Ihr Kind vorzuschicken. »Aurelia würde sich so über ein Autogramm von Ihnen freuen, aber sie war zu schüchtern, Fridoline zu fragen …«

Oder auch diese Version: »Aurelias Großeltern hätten so gerne ein Autogramm von Ihnen, aber ich finde, man sollte die

Freundschaft der Kinder nicht mit diesem Prominentenzirkus belasten …«

Ein Problem haben Sie erst, wenn Aurelia und Fridoline sich für immer und ewig zerstreiten. Sie können versuchen, Fridolines gute Seiten zu erwähnen (wenn sie welche hat), aber machen Sie sich darauf gefasst, dass der Moment kommen wird, in dem Aurelia Ihnen unter Tränen vorwirft: »Du willst bloß, dass ich mit der spiele, weil du ein Autogramm von ihrem Vater willst!« Am besten, Sie verlassen würdevoll den Raum.

38.

WIE SIE MIT ZWILLINGSELTERN UMGEHEN

Eltern von Mehrlingen, Zwillingen oder gar Drillingen und Vierlingen, werden von allen beneidet, außer zwei Wochen vor und nach der Geburt. Natürlich ist es ungeheuer viel Arbeit, zwei oder noch mehr Babys gleichzeitig wickeln, füttern und ihnen Fieber messen zu müssen. Natürlich haben die Zwillingseltern sich die Aufmerksamkeit und den Neid durch schlaflose Nächte und adrenalingetränkte Tage redlich verdient, das heißt aber noch nicht, dass Sie sich als schnöde Einlingseltern von Ihnen alles bieten lassen müssen.

Auch unter den Zwillingseltern selbst gibt es (Rang-)Unterschiede. An der Spitze stehen natürlich die Eltern eineiiger Zwillinge. Nicht zufällig heißen diese auf Französisch »jumeaux vrais« – also »wahre Zwillinge« –, und ihre zweieiigen Kollegen werden »jumeaux fausse« – also »falsche Zwillinge« – genannt. Nur bei den eineiigen stellt sich die Frage »Wie halten Sie die nur auseinander«, was der Zwillingsmutter die erste Gelegenheit zum Glänzen gibt. »Ach, die sind im Grunde sooo verschieden. Die Art, wie sie sich bewegen zum Beispiel.« Schon gut, wir wissen es, die Zwillingsmutter hat nicht nur Zwillinge, sie hat auch noch schärfere Augen.

Etwas weiter unterhalb rangieren die Eltern mit verschiedengeschlechtlichen Zwillingen. Sie müssen unter Umständen extra darauf hinweisen, dass ihre Kinder Zwillinge sind. »Die meisten Zwillinge sind ja in verschiedenen Klassen, aber Adrian und Adrienne sind sehr eigenständig …«

Jetzt beneiden wir die Zwillingseltern um die Gelegenheit der originellen Namenswahl. Adrian und Adrienne! Nach dem, was Ihr Kind aus der 1. Klasse erzählt, hätten sie die beiden besser Nitro und Glyzerin getauft.

Am schwersten haben es die Eltern gleichgeschlechtlicher zweieiiger Zwillinge. Das ist die langweiligste Variante, die am wenigsten Aufmerksamkeit bekommt. »Ach, Thorsten und Daniel sind Zwillinge? Das hätte ich nicht gedacht.« Wenn Thorsten zehn Zentimeter größer und fünf Kilo schwerer ist als Daniel, kann man ihnen nicht einmal die gleichen Sachen zum Anziehen kaufen.

Zugegeben, Zwillingseltern haben es nicht leicht. Trotzdem – die ihrem besonderen Status geschuldete Aufmerksamkeit auf Elternabenden ist keine Bringschuld. Wenn Sie als Einlingsvater also wissen, dass Thorsten und Daniel Zwillinge sind, bringen Sie bloß nicht das Gespräch darauf! Wenn der Zwillingsvater seine Streicheleinheiten will, dafür, dass er die beiden nächtelang GLEICHZEITIG herumgetragen hat, muss er sie sich abholen. Sie waren genauso müde, als Sie Evelyne herumgetragen haben, und die hatte Pseudokrupp!

Ja, aber Thorsten hatte ein Atemüberwachungsgerät. Das haben Zwillinge oft …

Zack, schon sind Sie beim Thema.

Zwillinge sind einfach interessant. In manchen Kulturen werden sie für Boten der Götter gehalten, in anderen für Unheilszeichen. In unserer Kultur sind sie immer beides, sie bedeuten doppeltes Kindergeld und halb so viel Schlaf. Der Neid der Einlingseltern ist also gerechtfertigt und lässt sich auch auf Elternabenden nicht umgehen. Rechnen Sie damit, dass die Zwillingsmutter noch deutlicher als der Zwillingsvater darauf besteht, dass ihre Kinder etwas Besonderes sind. Sie musste sie schließlich austragen und zur Welt bringen. Sie hat sich ihren Bonus redlich erarbeitet.

Als Einlingsmutter sehen Sie Ihre eigenen 14 Stunden Presswehen böswillig relativiert und setzen sich ebenfalls gerechtfertigt zur Wehr. »Bei künstlicher Befruchtung entstehen ja immer öfter Mehrlinge.«

Aus dem Wörterbuch *Deutsch-Eltern, Eltern-Deutsch*: So besonders sind Sie gar nicht!

Und – besonders, wenn die Bemerkung von einem Vater stammt: So, so, Sie hatten eine künstliche Befruchtung nötig.

Wir Eltern können ganz schön gemein sein.

Selbstverständlich wäre es am besten, Sie behandelten die Zwillingseltern wie alle anderen Eltern auch und die Zwillinge wie alle anderen Kinder auch.

Netter Versuch.

Der Zwillingsvater wird den Elternabend früher verlassen, »weil ich noch in die Parallelklasse muss«. Die Zwillingsmutter wird erwarten, dass sie bei den Kosten für die Klassenfahrt einen Geschwisterbonus erhält, »weil der Verwaltungsaufwand für zwei Kinder aus derselben Familie nicht größer ist, aber die Ausgaben schon.« Womit sie recht hat.

Zwillingseltern auf dem Elternabend sind der schlagende Beweis dafür, dass das Leben nicht fair ist. Trösten Sie sich damit, dass das für alle gilt. Auch für die Zwillingsmutter, die nach der Klassenfahrt damit konfrontiert wird, dass eine ihrer Töchter für einen kostspieligen Zwischenfall im Schwimmbad verantwortlich war, und weil man nicht herausfinden kann welche, werden beide zur Verantwortung gezogen, und das ist schließlich auch nicht fair.

39.

WIE SIE DEN ELTERN ZUKÜNFTIGER OLYMPIATEILNEHMER BEGEGNEN

Mit der gebotenen Ehrfurcht nämlich. Die Eltern zukünftiger Olympiateilnehmer oder vielleicht sogar Olympiasieger legen Wert darauf, dass ihr Sohn oder ihre Tochter keinerlei Vergünstigungen gegenüber den anderen weniger begabten oder geförderten Kindern genießt, denn »Sport soll in erster Linie Spaß machen«.

Vielleicht würde es Richard und Ricarda, den leicht übergewichtigen und kurzsichtigen Zwillingen, auch in erster Linie Spaß machen, am Sonntagvormittag im Schwimmbad Kraulen und Tauchen zu üben, aber da wird die ganze vordere Bahn für Salahuddin gebraucht. Ein Scout vom deutschen Schwimmsportverband ist da!

Auf dem Elternabend regt sich dann leichter Unmut. Das war nämlich nicht das erste und auch nicht das fünfte Mal, dass der Schwimmtrainer für seine weniger begabten Schüler auch weniger Zeit zu haben schien. Und weniger Platz. Diese »Scouts« haben breite Rücken, hinter denen sich die Trainer und die Eltern der zukünftigen Olympioniken verstecken. Man muss also bis zum Elternabend warten, um auf sie losgehen zu können.

Der Trainer wird betonen, dass JEDES Kind ein potenzieller zukünftiger Olympiateilnehmer ist, und dass er JEDEM Kind seine
ganze Zeit und Aufmerksamkeit widmen wird – wenn er damit
fertig ist, den speziellen Trainingsplan für Salahuddin zu ent-
werfen. So ein Talent hat man nicht oft unter seinen Fittichen.

Sollte Salahuddin Fußball spielen, wird die Situation noch
schwieriger. Auch wenn dann eher ein zukünftiger Profivertrag
als der Olympiasieg im Raum steht, die Einteilung in Kasten läuft
ganz ähnlich ab. Ganz oben stehen diejenigen, die schon zum
Probetraining bei der E-Jugend des nächstgelegenen Bundes-
ligavereins waren, danach kommen die Stammspieler, dann die
Ersatzspieler und dann die Unberührbaren, die nur aus pädagogischen Gründen manchmal zu Spielen mitgenommen werden. Und weil man sie braucht, um den Preis für Integrations-
leistungen im Sport zu bekommen, den das Kultusministerium
ausgelobt hat.

Die Talent-Eltern betonen vielleicht, wie sehr die anderen
Sportler bis hinab zu den Unberührbaren von ihrem Kind profitieren. Wäre der Vertreter des Leichtathletikverbandes nicht
beim letzten Sportfest gewesen, um ihre Tochter zu beobachten, hätte der Verein bestimmt nicht der ganzen Riege neue
Trainingsanzüge bezahlt. Sie erinnern sich daran, wie stolz ihr
sportlich nur durchschnittlich begabtes Kind auf den neuen
Trainingsanzug war, und halten sich zähneknirschend zurück,
wenn sich herausstellt, dass die Wettkampfteilnahme im nächsten Jahr so gestaltet wird, dass die zukünftige Olympiasiegerin
auf ihre Punkte kommt, auch wenn man dafür dann schon mal
80 Kilometer zu einem Wettkampf fahren muss.

Die Eltern zukünftiger Olympiateilnehmer sind an sich schon
Sieger, ganz egal, ob ihr Kind mal einer wird. Punkte und Medaillen sind die Morsezeichen, in denen sie sich unterhalten.

Wenn Sie versuchen, mit ihnen in einer anderen Sprache zu sprechen, in der Sätze vorkommen wie: »Der Spaß an der Bewegung sollte im Vordergrund stehen« oder: »Ich weiß nicht, ob man bei Sechsjährigen wirklich schon so eine Wettkampfatmosphäre schüren muss«, werden sie Sie anschauen, als ob sie Malayalam mit ihnen sprächen. »Aber jeder will doch gerne der Beste sein?«, ist eine wahrscheinliche Antwort.

Möglicherweise haben die Kinder auch viel weniger Probleme mit Salahuddin und seinesgleichen als Sie als Eltern. Richard und Ricarda begnügen sich vielleicht sogar gerne mit der schmalen Innenbahn im Schwimmbad und beobachten von dort aus wassertretend Salahuddins kühnen Startsprung und klatschen Beifall. Ihnen macht es nichts aus, »nur« seine Vereinskameraden zu sein. Im Gegenteil, sie sind stolz darauf. Ihren Eltern macht es etwas aus. Nicht, dass ihre Kinder nicht auf der Außenbahn schwimmen dürfen, und auch nicht, dass Salahuddin vielleicht in fünf Jahren olympisches Gold erschwimmen wird. Vielleicht werden sie dann auch stolz vor dem Fernseher rufen: »Der ist aus unserem Verein!« Hier geht es um eine ganz andere Olympiade, um die der Super-Eltern. Dagegen Mutter oder Vater eines Olympiasiegers zu sein, ist sogar der Olympiasieger selbst nur zweite Wahl. Oder haben Sie schon jemals gesehen, dass der Vater eines Goldmedaillengewinners vor ein Mikrofon getreten ist, um zu sagen: »Ich danke meinem Sohn, der meinen Ehrgeiz, Vater eines Olympiasiegers zu werden, immer unterstützt hat!«?
Eben!

Wenn wir ein wenig mehr werden wie die Kinder, werden wir es vielleicht sogar hinkriegen, uns ehrlich zu freuen, wenn der Scout des Profivereins an unserem Sohn vorbeigeht und dem vom Betriebsratsvorsitzenden lobend auf die Schulter klopft und »wir hätten da ein Trainingslager« sagt.

Wenn wir das schaffen, dann kommt auch irgendwann der Weltfrieden.

40.

WIE SIE DEM CO-REFERENTEN BEGEGNEN, DER DEN ELTERNABEND FEINDLICH ÜBERNEHMEN WILL

Teilnehmer, die unter das oben beschriebene Label fallen, werden Ihnen unvergessliche Stunden bescheren. Im Unterschied zu den weiter oben schon beschriebenen verhinderten Lokalpolitikern agieren Co-Referenten in der Regel spontan und ohne berufliche Ambitionen. Meistens ist es ein bestimmtes Thema, in dem sie sich vermeintlich oder tatsächlich besser auskennen als der Veranstalter des Elternabends und als alle anderen Teilnehmer sowieso.

Wir unterscheiden zwei Typen des Co-Referenten: den spontanen und den prä-spontanen.

Der spontane Co-Referent merkt erst während des Elternabends, dass alle anderen Anwesenden ihm an Kenntnis unterlegen sind. Weil er unvorbereitet in diese Situation gerät, muss er die Übernahme des Elternabends rein rhetorisch leisten – und das tut er dann auch. Er beginnt mit einer Frage, die bereits impliziert, dass eigentlich niemand außer ihm sie beantworten kann. Nehmen wir an, aus Kreisen der Teilnehmer ist die Frage gestellt worden, welche gesundheitlichen Folgen es für die Schüler der ersten Klasse haben kann, wenn neben der Schule eine Mobilfunkantenne aufgestellt wird.

Der Co-Referent kann nun entweder Vodafone-Mitarbeiter oder in der ÖDP engagiert sein, in beiden Fällen wird er in der

Lage sein zu fragen, ob man denn über die HSR-Werte der Sektorantennen dieses Vorhabens informiert werden könne, und schon werden ihn alle Anwesenden als Experten akzeptieren. An die Frage schließt er dann gleich die kenntnisreiche Antwort an und geht nahtlos ins Co-Referat über. Am Ende des Elternabends werden Sie mehr über Mobilfunkantennen wissen, als Sie jemals nicht wissen wollten.

Im Unterschied dazu weiß der prä-spontane Co-Referent vorher, was Thema des Elternabends sein wird, und bringt Broschüren mit. Die teilt er dann an alle Anwesenden aus. Das hat für ihn den Vorteil, dass er bei Nachfragen aus dem Publikum auf »Seite 14 der Broschüre« verweisen kann und nicht sein ganzes Expertentum direkt aus dem eigenen Neokortex hervorholen muss.

Wenn der Co-Referent seine Übernahme vielleicht sogar vorher angekündigt und um einen eigenen Tagesordnungspunkt gebeten hat, handelt es sich nicht mehr um eine feindliche, sondern um eine freundliche Übernahme, aber immer noch um eine Übernahme. Der Veranstalter des Elternabends kann sich in diesem Fall zurücklehnen und ihm die Arbeit überlassen. Das ist vielleicht einer sachlichen Auseinandersetzung dienlicher, aber nicht halb so spannend wie eine feindliche Übernahme.

Denn der Unterhaltungswert einer feindlichen Übernahme besteht darin, dass der Veranstalter versuchen wird, die Leitung des Abends zurückzuerobern. Er wird versuchen, die Redezeit zu begrenzen, die Wortmeldungen selbst aufzurufen, oder andere ulkige Methoden anwenden, um seine ursprüngliche Alpha-Position wiederzuerlangen. Daraufhin wird sich der Elternabend in mindestens zwei verschiedene Lager spalten. Diejenigen, die dem Co-Referenten den Spaß verderben wollen, indem sie nach Einhaltung der Tagesordnung rufen, und diejenigen, die ihrem inneren Che Guevara folgend mehr Spaß daran haben, die Tagesordnung vom Sockel zu stürzen.

Ob Mobilfunkantennen gesundheitsschädlich sind oder nicht, ist dabei eigentlich egal.

41.

WIE SIE AUS JEDEM ELTERNABEND INNEREN GEWINN ZIEHEN

Es wird Zeit, einmal auf einen Aspekt hinzuweisen, der in den vorhergehenden Kapiteln eher in den Hintergrund zu geraten drohte. Nicht alle Elternabende sind für mindestens einen oder zwei der Teilnehmer traumatisierend, und nicht alle anderen Eltern sind Ihre Feinde. Ich wage zu behaupten, dass man aus jedem Elternabend inneren Gewinn ziehen kann, nur nicht immer den gleichen.

Es gibt Elternabende, die schon deshalb einen Gewinn darstellen, weil sie es Ihnen ermöglichen, ein paar Stunden von zu Hause weg zu kommen. Ob es zahnende Babys, laut streitende Grundschüler oder latent elternfeindliche Pubertierende sind, ob ein unbearbeitetes Projekt oder ein Stapel Bügelwäsche Sie vorwurfsvoll anstarren – der Elternabend ist ein vernünftiger und sinnvoller Grund, all dem für zwei oder drei Stunden den Rücken zu kehren. Es ist ja nicht so, als ob Sie in die Kneipe oder ins Kino gingen. Nicht ganz jedenfalls oder nicht nur. Und irgendjemand MUSS zum Elternabend gehen. Es könnten wichtige Informationen gegeben werden, es stehen Entscheidungen an, oder es ist Ihnen einfach wichtig, mit der Bildungseinrichtung Ihrer Sprösslinge in Kontakt zu bleiben. Menschlicher Kontakt ist die Grundlage für den schulischen Erfolg Ihres Kindes.

Es gibt bestimmt Studien, die aussagen, dass Schüler, deren Eltern regelmäßig auf Elternabende gehen, bessere Abiturdurchschnittsnoten haben als andere.

Also, gehen Sie, und gehen Sie guten Gewissens. Genießen Sie es, ohne Buggy oder Schultasche über dem Arm den Kindergarten oder die Schule aufzusuchen. Nehmen Sie sich Zeit, fahren Sie Bus statt Auto, oder parken Sie wenigstens bei Saturn und nehmen Sie die Abkürzung durch die Medienabteilung. Aber schauen Sie auf die Uhr, wenn Sie die DVDs im Aktionsregal durchgehen. Der Elternabend beginnt um sieben.

Eine weitere Möglichkeit, inneren Gewinn aus einem Elternabend zu ziehen, stellt die gestaltete Dissoziation dar. Dafür brauchen Sie wieder einmal etwas Papier, am besten ein kleines Notizbuch, und einen Kugelschreiber. Beides sollten Sie sowieso dabeihaben. Es ist von Vorteil, wenn Sie eine ungebräuchliche Schrift beherrschen, etwa Kyrillisch oder Elbisch. Zur Not tut es auch eine unleserliche Handschrift, in der sie dann notieren, was Sie von den anderen Teilnehmern und ihren Fragen und Wortbeiträgen halten. Sie können, je nach Begabung, auch kleine Karikaturen anfertigen. Während Sie sich innerlich von dem ganzen Geschehen, das Sie schon für überaus sinnlos und zeitraubend hielten, als Sie die Einladung bekamen, distanzieren und so Ihren Blutdruck schonen, geben Sie gleichzeitig all den spitzen Bemerkungen Raum, die Sie gerne machen würden, wenn das nicht sehr unhöflich wäre und außerdem dazu führen könnte, dass Sie Ihren Standpunkt verteidigen müssten. Und so wichtig ist die ganze Angelegenheit dann vielleicht auch wieder nicht. Wenn Sie wollen, keine missbilligenden Blicke fürchten und guten Empfang haben, können Sie Ihre Bemerkungen auch per WhatsApp an jemand Gleichgesinntes schicken. Nur auf die

Unleserlichkeit müssen Sie dabei verzichten und das Risiko eingehen, dass ein Nachbar uneingeladen mitliest. Wenn er dann in lautes Gelächter ausbricht und ruft: »Ja, wirklich! Genauso sieht der aus!«, haben Sie gleichzeitig ein Kompliment und ein Problem.

Aber auch auf den ersten Blick überflüssige Elternabende können Ihnen inneren Gewinn bringen. Manchmal tut es gut, einfach nur irgendwo zu sitzen, zuzuhören und nichts tun zu müssen. Ich gebe zu, dass ich dabei häufig einschlafe, aber auch darin kann innerer Gewinn liegen. Mütter haben chronisch zu wenig Schlaf.

42.

WIE SIE ZUM STAR DES ELTERNABENDS WERDEN

Es ist möglich. Auch Sie können ein Star sein, ohne sich freiwillig der Mühle einer Castingshow auszusetzen. Sie müssen dazu nicht einmal singen und tanzen können. Nun, das müssen Sie bei den erwähnten Casting-Shows im Grunde auch nicht, es muss nur so aussehen, als könnten Sie es.

Ein Elternabend ist die ideale Bühne. Einzige Zugangsvoraussetzung ist ein Kind, zu dem Sie in irgendeinem elternähnlichen Verhältnis stehen, und der Mut oder Adrenalinspiegel, die Gunst des Augenblicks zu nutzen. 15 Minuten Weltruhm hat Andy Warhol jedem von uns versprochen. Ein Elternabend ist der kürzeste Weg dorthin.

Wie immer in dieser Welt gibt es zwei Möglichkeiten, diesen kürzesten Weg zu beschreiten: indem Sie FÜR etwas auftreten oder GEGEN etwas.

Dagegen zu sein ist leichter. Wenn Sie an raschem Ruhm interessiert sind, der zudem noch länger halten und für Sie und Ihr Publikum unterhaltsamer sein soll, wählen Sie den Weg, gegen irgendetwas aufzustehen. Es ist dabei wichtig, dass Sie tatsächlich aufstehen. Erheben Sie sich von dem niedrigen Stuhl, der Turnbank oder dem Klappsessel, den Sie eben noch be-sessen haben, und stehen Sie aufrecht vor der Versammlung. In vielen Fällen werden Sie der Einzige sein, der aufrecht steht, und glauben Sie mir, dieses Bild macht mehr Eindruck als jedes Wort, das aus Ihrem Mund kommt. Womit auch schon angedeutet wäre, dass es unerheblich ist, wogegen Sie aufstehen. Hauptsache, Sie stehen.

Bilder sind heutzutage ein weit schnellerer Weg, berühmt zu werden, als Worte, geschweige denn Argumente. Halten Sie sich nicht mit der sachlichen Herleitung einer Position auf. Versuchen Sie gar nicht erst, eventuell vorgebrachte Gegenargumente aufzugreifen und zu entkräften. Wenn Sie sie ignorieren, haben diese Äußerungen gar keine Kraft, die Sie entkräften könnten, und Sie müssen keine intellektuelle Kapazität damit verschwenden, sie zu verstehen. Behaupten Sie einfach irgendetwas. Solange Sie dabei stehen, eventuell noch mit einem Arm ausholen (Vorsicht, dass Sie niemanden k.o. schlagen, das wirkt kontraproduktiv) und in rascher Folge und mit steigender Lautstärke Bilder aneinanderreihen, ist Ihr Aufstieg zum Star des Elternabends unausweichlich.

Verwenden Sie Formulierungen wie »wir alle wissen doch« oder »niemand kann heutzutage noch bestreiten/behaupten/ so tun als ob«. Damit stellen Sie eine Beziehung zwischen sich und Ihrem Publikum (ehemals Elternabendversammlung) her. Sie schaffen sozusagen eine verschwörerische Gemeinschaft, der jeder gerne angehören will. Sollte sich der eine oder andere Berufs-Außenseiter darunter befinden, der den Finger hebt und störrisch »Ich nicht!« zu sagen wagt, ignorieren Sie ihn oder sie. Ausschluss aus der Kommunikationsgemeinschaft und dem medialisierten »Wir« ist heutzutage gleichbedeutend mit dem großen Bannfluch im Mittelalter. Wem nicht zugehört wird, der existiert praktisch nicht. Also, hören Sie Ihren Gegenspielern einfach nicht zu, und die Partie ist für Sie entschieden. Schauen Sie sich ein paar Talkshows an, wenn Sie für Ihre 15 Minuten Welt/Elternabendruhm üben wollen. Die Kunst des Dem-anderen-nicht-Zuhörens wird dort meisterhaft zelebriert. Je privater der Sender, desto meisterhafter.

Schwieriger ist es, Ruhm zu erlangen, indem man FÜR etwas aufsteht. Das Aufstehen an sich ist bei dieser Variante ebenso unverzichtbar, aber die Arbeit des Argumentierens können Sie sich dabei nicht sparen. Wenn Sie für etwas sind, müssen Sie erklären warum und versuchen, die anderen dazu zu bringen, ebenfalls dafür zu sein, und Menschen lassen sich viel leichter und schneller dazu bringen, gegen etwas zu sein. Auch hier können Sie auf Bilder zurück greifen. Kinder und junge Tiere sind am besten geeignet. Egal, was Ihr Anliegen ist, wenn Sie es irgendwie mit der Formulierung »für unsere Kinder« oder »für unsere leidenden Mitgeschöpfe« verbinden können, haben Sie eine solide Basis für Ihren Erfolg gelegt.

Trotzdem kann ich Ihnen zu diesem Weg zur 15-minütigen Weltruhmspitze nur widerstrebend raten. Die Gefahr, dass Ihr mühsam errungener Erfolg spätestens auf dem Weg von der Tür des Versammlungsraums zur Straße in sich zusammenbricht, ist so groß, dass ich Ihnen empfehle, sollte Ihr Vorhaben Spenden benötigen, diese sofort und in bar einzusammeln. Identifikation mit einer Idee überlebt häufig den Heimweg von der Veranstaltung nicht. Identifikation gegen etwas ist haltbarer. Und ansteckender. Wie Schnupfenviren.

KAPITEL IV

DER ANLASS DES ELTERNABENDS

ALSO, WENN SICH SONST KEINER MELDET ...

DIE INITIATIVE ERGREIFEN!

Elternabende können aus unterschiedlichen Anlässen stattfinden. Regelmäßig einberufene Elternabende benötigen hierfür lediglich ein Datum. Daneben gibt es unregelmäßig oder sogar spontan einberufene Elternabende. In den folgenden Abschnitten möchte ich Sie mit einigen dieser Anlässe vertraut machen.

43.

WIE SIE EINEN WAHLELTERNABEND GESTALTEN

Zu Beginn eines Schuljahres werden Sie früher oder später eine Einladung zu einem Wahlelternabend erhalten. Damit ist nicht gemeint, dass Sie wählen können, ob Sie dort hingehen oder nicht. Vielmehr gehen Sie dorthin, um zu wählen oder gewählt zu werden. Häufiger noch, um Letzteres zu vermeiden.

»Wahl« bezieht sich hierbei weder auf Unterrichtsinhalte noch auf Lehrpersonen. Beides gehört zu den Dingen, die wir immer noch gerne als »höhere Gewalt« bezeichnen. In früheren, weniger aufgeklärten Zeiten war damit eine göttliche Macht gemeint, die sich aller menschlichen Einflussnahme gegenüber als stärker und unbeeindruckbar erweist. Heute übernimmt das Kultusministerium diesen Part. Wählen können Sie lediglich diejenigen unter Ihnen, die sich dazu bereit erklären, sich in den Einflussbereich dieser höheren Macht zu begeben. Sie sind eine Art Priesterkaste, die sich dem Allerheiligsten aka Büro des Schulleiters nähern und ihn gelegentlich sogar von Angesicht zu Angesicht sprechen darf. Wie Moses auf dem Berg Sinai.

Von ihm, dem alttestamentlichen Propheten, wird sogar gesagt, dass nach solchen Gesprächen mit dem himmlischen Headmaster sein Gesicht einen Glanz ausstrahlte, der alle niedrigeren Lebensformen so entsetzte, dass Moses gezwungen war, sein Gesicht zu verhüllen (Buch Exodus, oder zweites Buch Mose, Kapitel 34, Vers 29). Ein ähnliches Gesichtslifting auch im psychologischen Sinne ist denn auch eines der häufigsten – halb- oder unbewussten – Motive, sich für eine solche Wahl aufstellen zu lassen. Weitere Motive sind Idealismus, notorische Langeweile oder niedrige Frustrationstoleranz gegenüber einer Lehrperson, die mit dem Ende ihres Bleistifts auf den Tisch klopft, während sie drauf wartet, dass sich jemand für die Wahl zum Elternsprecher meldet.

Wenn Sie gewählt werden wollen, kann es durchaus trotzdem ratsam sein, so zu tun, als gehörten Sie zu dieser dritten Kategorie. Melden Sie sich nicht zu schnell freiwillig. Eine rasche Bereitschaft, die Aufgaben eines Elternsprechers zu übernehmen, lässt entweder erkennen, dass Sie keine Ahnung haben, worauf Sie sich einlassen, oder aber egoistische Motive wie Ruhmsucht vermuten. Warten Sie, bis das Klopfen des Bleistiftendes in ein verzweifeltes Stakkato übergeht und sagen Sie dann hörbar: »Also, wenn sich sonst keiner meldet ...«

Die Dankbarkeit der übrigen Anwesenden wird deren Wahlverhalten stimulieren.

Etwas anderes ist es, wenn Sie es vermeiden wollen, gewählt zu werden. Im Grunde genommen müsste es ausreichen, etwas tiefer in Ihrem Sitz zu rutschen und so zu tun, als seien Sie nicht da. Leider ist es auf schulischen Elternabenden üblich, Wahlkandidaten vorzuschlagen. Je länger eine Elterngemeinschaft schon zusammen ist, umso perfider wird dieses Instrument vermeintlicher Demokratie.

Kennen Sie das Sprichwort: »Wen der liebe Gott einmal bei der Arbeit erwischt hat, dem schickt er immer wieder neue«? Diese auch unter – nicht nur religiösen – karitativen Organisationen weit verbreitete Methode wird auch auf Elternabenden eifrig gepflegt. Sie haben in der 3. Klasse beim Sommerfest so gekonnt den Grill bedient, Sie gäben einen prächtigen Klassenelternsprecher ab! Alle nicken zustimmend, ein Mit-Vater, der das Amt des Wahlleiters auf sich genommen und sich damit sogleich aus der Affäre und dem Kandidatenkreis gezogen hat, der Schlaumeier, schreibt Ihren Namen an die Tafel, und schon haben Sie ein Problem. Erfahrene Lehrer fragen die Kandidaten vor der Wahl, ob sie auch bereit sind zu kandidieren. Dann können Sie »Nein« sagen und dabei unbehaglich hin und her rutschen. Ein enttäuschtes Seufzen wird durch den Raum gehen, man wird von vorne beginnen müssen mit der Kandidatensuche, und beim nächsten Sommerfest wird Ihnen niemand mehr den Grill anvertrauen.

Unerfahrene Lehrer lassen erst wählen und fragen dann, ob Sie die Wahl annehmen.

Dann ist es noch schwieriger, »Nein« zu sagen, und Sie werden sich in Gründe flüchten. Viel Arbeit im Job, familiäre Gründe (der Hund ist so oft krank), Ihr Computer läuft noch mit Windows XP … irgendetwas werden Sie schon finden, aber Ihr Selbstvertrauen werten Sie damit nicht auf.

Und natürlich muss dann auch von vorne angefangen werden mit der Kandidatensuche.

Wenn Sie es aus irgendeinem Grund nicht vermeiden konnten, gewählt zu werden … tja, dann ist aller Tage Abend. Hier ein paar taktische Tipps für Ihre Abendgestaltung:

✍ Richten Sie sich eine eigene E-Mail-Adresse nur für diese Aufgabe ein

- legen Sie neben Ihren Computer (daten Sie auf Windows 7 up!) einen Notizblock, auf dem Sie alles notieren, was die Aufgabe betrifft und mit hinunter ins Erdgeschoss zum Telefon genommen werden muss
- kopieren Sie die Klassenliste mit Namen und Telefonnummern, die Sie nach langen Diskussionen über Datenschutz und -weitergabe erhalten haben, dreimal und legen Sie je eine Kopie neben den Computer, neben das Telefon und neben Ihr Bett
- kaufen Sie eine große Packung Johanniskrautkapseln
- legen Sie sich einen Abrisskalender bis zum nächsten Wahlelternabend zu, aber Achtung! Die meisten Ämter werden auf zwei Jahre gewählt.

44.

WIE SIE EINEN TURNUSMÄSSIGEN ELTERNABEND VON EINEM AUSSERORDENTLICHEN UNTERSCHEIDEN

Eigentlich sollte der Einladung eindeutig zu entnehmen sein, um welche Art von Elternabend es sich handelt. Geübte Veranstalter schreiben schon über die Einladung »Außerordentlicher Elternabend«, andere integrieren den Anlass in die Anrede. »Aus gegebenem Anlass«, »aufgrund außerordentlicher Vorkommnisse«, »wegen der Ereignisse der letzten Wochen, die Ihnen allen bekannt sind …« und so weiter.

Daneben gibt es aber einige unübersehbare Merkmale, die Ihnen auch dann verraten, dass Sie sich auf einem außerordentlichen Elternabend befinden, wenn Sie die Einladung zu Hause vergessen haben wollten.

1. Der Geräuschpegel ist höher. Die Teilnehmer sitzen oder stehen vor dem offiziellen Beginn des Elternabends näher beieinander und reden lauter, schneller und aufgeregter miteinander.
2. Die Tagesordnung ist kürzer. Häufig besteht sie nur aus einem einzigen Punkt, eben dem außerordentlichen Anlass.
3. Der Veranstalter nimmt neben seiner gewohnten Rolle als Lehrer, Trainer oder sonstiger Leiter mindestens eine weitere Rolle ein. Häufig ist er Mit-Betroffener. Sollte es sich um ein für alle Beteiligten vielleicht sogar extrem unangenehmes Ereignis handeln (Missbrauch, Diebstahl, Unfall etc.), wird auch der Veranstalter betroffen, traurig oder entsetzt sein. Darin unterscheidet er sich nicht von Ihnen als Teilnehmer. Wenn er trotzdem in der wenig beneidenswerten Situation ist, eine Entscheidung treffen zu müssen, muss er mindestens zwei Rollen gleichzeitig einnehmen und wird dementsprechend gestresst wirken und handeln. Seien Sie nachsichtig! Sie möchten nicht in seiner Haut stecken, oder?

Elternabende aus außerordentlichem Anlass bringen auch oft die Koalitionen unter den Teilnehmern durcheinander. Normalerweise gibt es zwei Gruppen, die jeden Elternabend strukturieren: die Teilnehmer und die Veranstalter, die hier nur aus formalen Gründen im Plural aufgeführt werden, meistens ist es nämlich nur einer. Auf außerordentlichen Elternabenden können daneben noch Gruppen von Betroffenen und Nicht-Betroffenen entstehen oder gar von Beschuldigten und Nicht-Beschuldigten. Damit entstehen gänzlich neue Kommunikationsstrukturen. Rechnen Sie damit, auf einem außerordentlichen Elternabend ein Vielfaches an Adrenalin zu verbrauchen, als Sie für einen ordentlichen Elternabend benötigen.

Und stellen Sie sich einer Erkenntnis: Außerordentliche Elternabende machen mehr Spaß als ordentliche. Wenn der Anlass sehr unerfreulich ist, wird der Spaßfaktor umso reduzierter sein, je mehr Sie persönlich von dem Anlass betroffen sind, aber Sie können davon ausgehen, dass Ihren Mit-Eltern die Aufregung des Außergewöhnlichen irgendwie einen »Kick« geben wird. Zumindest einigen unter ihnen. Verurteilen Sie weder sich noch Ihre Mit-Eltern dafür. Das ist Biologie. Wenn sich Kämpfen oder Wegrennen nicht auch irgendwie gut anfühlen würde, wäre keiner von unseren Vorfahren den Säbelzahntigern entkommen.

45.

WIE SIE EINEN SAISON-ELTERNABEND ÜBERSTEHEN

Früher, als unser Leben noch Rhythmus und Gefühl hatte, gab es so etwas wie einen Jahreskreislauf. Zu bestimmten Jahreszeiten fanden bestimmte Feste und somit auch Elternabende statt. Rechtzeitig vor Ostern informierte der Kindergarten darüber, dass jemand mit lebenden Küken vorbeikommen wird und Eltern, deren Kinder eine Hühnerallergie haben, bitte Antihistamintabletten mitgeben sollen.

Im November gab es einen oder mehrere Elternabende zu der Frage, ob es politisch korrekt sein kann, den fälligen Laternenumzug als Sankt-Martins-Umzug zu bezeichnen, oder ob mit Rücksicht auf nicht-christliche Familien von einem Lichterfest gesprochen werden soll. Ähnliche Diskussionen konnten dann Anfang Dezember auf einem weiteren Elternabend betreffend die Vorweihnachtszeit geführt werden. Diese Anlässe kamen mit beruhigender Regelmäßigkeit wieder, und man konnte sich auf sie einstellen und schon eine Woche vorher backen oder basteln.

Seit unser Lebensrhythmus vom Erscheinungsdatum des neuesten iPhones oder der *Game of Thrones*-Staffel bestimmt wird, gerät dieses Konzept aus den Fugen. An die Stelle des Kreislaufs tritt der Sprung in eine völlig neue, völlig unbekannte Zukunft (auch wenn weder das iPhone noch die *Game of Thrones*-Staffel dann im Endeffekt so gänzlich neu wirken). Das wirkt sich auch auf Saison-Elternabende aus. Sie finden nach wie vor statt, aber sie bedürfen des innovativen Impulses. Nur Nonnen über 60, die katholische Kindergärten leiten, haben heute noch das Rückgrat und die Nerven, einer Elternabendversammlung mitzuteilen: »Wir machen das so wie jedes Jahr. Den Kindern gefällt es.« Punkt.

Schon bei Nonnen unter 60 zeigt sich eine deutliche Muskelschwäche in dieser Region, und sie suchen nach etwas ganz und gar Neuem, was letztes Jahr nicht dabei war. Dieses Jahr basteln wir die Laternen mal mit Window-Color (wenn Sie als Leser einen Tipp haben, wie man das Zeug aus Sweatshirts wieder rauskriegt, verraten Sie ihn mir!). Statt ins Weihnachtsmärchen gehen dieses Jahr alle Klassen auf die Eisbahn (schreiben Sie schon mal vorsorglich eine Entschuldigung für den nächsten Tag wegen Erkältung, geprelltem Handgelenk oder Knöchelbruch!). Statt Küken kommen dieses Jahr Kaninchen.

Früher – mir wird richtig wehmütig zumute – bedeuteten Saison-Elternabende Stress, aber vertrauten Stress. Man wusste, es wird eine Liste herumgehen, in die jede Mutter einträgt, was für Plätzchen sie bei der Adventsfeier mitbringen wird (Väter sind NIE auf Saison-Elternabenden), man wird sich Termine merken müssen für den Abmarsch des Laternenumzugs (armer alter Sankt Martin, dabei bist du so politisch korrekt als Wehrdienstverweigerer und Mantelspender), und man wird sich anstrengen, Begeisterung für etwas aufzubringen, was man selbst schon gefühlte hundertmal erlebt hat, das eigene Kind aber erst zwei- oder dreimal. Nicht mehr, ach, nicht mehr! Das Einschwingen in einen Jahresrhythmus, in wiederkehrende Feste, Rituale und sogar Wetterphänomene, das noch an die einst unsere Gesellschaft prägende Verbundenheit mit der Natur erinnerte, versinkt in einer immer weiter zurückweichenden nostalgisch verklärten Vergangenheit. Stattdessen prägen wiederkehrende Ereignisse wie der Eurovision Song Contest, Fußballweltmeisterschaften und Windows Updates unseren Lebenslauf. Stets erwarten wir etwas Neues von ihnen, stets präsentieren sie uns etwas gänzlich Neues und doch seltsam Vertrautes. Stets schlägt unsere gespannte Erwartung in Frustration um, und wir halten Ausschau nach etwas neuem Neuen, auf das wir hinleben können. Den dritten Teil eines Films im Dezember, eine Flutkatastrophe im März, unvorteilhafte Badebilder von Politikern im Juli.

Meistens werden dafür aber keine Elternabende einberufen, sodass das Phänomen des Saison-Elternabends über kurz oder lang in Vergessenheit geraten wird. Im Zuge des oben beschriebenen Bemühens um politische Korrektheit werden zumindest die an Festen christlicher Tradition hängenden Elternabende nahtlos vom Saison- in den Konflikt-Modus übergehen.

46.

WIE SIE EINEN ELTERNABEND ÜBERSTEHEN, DEN KEINER GEWOLLT HAT

Manchmal wird zu Elternabenden aus besonderem Anlass eingeladen, ohne dass sich einem der Teilnehmer erschließt, warum das ein besonderer Anlass ist und warum dafür ein Elternabend notwendig sein soll. Im Prinzip fallen Wahlelternabende, die im vorherigen Kapitel besprochen wurden, in diese Kategorie, aber auch andere besondere Anlässe erfreuen sich massiver Unbeliebtheit bei den Teilnehmern.

Zum Beispiel Elternabende, bei denen lediglich etwas Unerfreuliches mitgeteilt wird, ohne dass Ihre Teilnahme oder Nicht-Teilnahme irgendetwas daran ändern würde. Ein solcher Anlass sind Renovierungsarbeiten. Der Sportverein teilt Ihnen mit, dass die Turnhalle für die nächsten 18 Monate wegen einer Neuinstallation der Sprinkleranlage unbenutzbar sein wird und die Kinder in die sechs Kilometer entfernte halb so große Turnhalle der Grundschule umziehen müssen. Man hofft, Sie haben Verständnis. Und noch einen schönen Abend. Tschüss.

Noch unbeliebter gerade bei Sport- oder anderen Vereinen sind Beitragserhöhungen, deshalb werden Sie auch in aller Regel einfach schriftlich mitgeteilt. Manchmal ergibt sich indes die Notwendigkeit eines Elternabends, zum Beispiel wenn erschwerende Umstände hinzukommen.

So geschehen vor etlichen Jahren, als ich noch selbst das betroffene Kind war und mein Fußballtrainer auf einem Elternabend mitteilte, dass er sich mit der Vereinsführung auf immer und ewig überworfen hatte und die gesamte Mannschaft unter seiner Führung den Verein zu wechseln habe. Er hatte die nötigen Dokumente bereits ausgefüllt und brauchte nur noch die Unterschrift und Einzugsermächtigung der Eltern. Hier haben Sie einen Kugelschreiber. Bitte auf der gepunkteten Linie unterschreiben. Alle anwesenden Eltern waren so schockiert, dass sie widerspruchslos unterschrieben. Ein halbes Jahr später gab ich das Fußballspielen dann ganz auf.

Es gibt dynamische Eltern, die auf einem solchen nur widerwillig einberufenen Elternabend wertvolle Zeit damit vertun, sich darüber aufzuregen, dass sie heute Abend überhaupt da sind. Damit kann man ein wenig vom eigenen Widerwillen in Form von Dampf ablassen, aber nützen wird es nichts, denn Sie sind gekommen, also findet der Elternabend statt. Die Frage ist nur noch, wie lange er dauert. Wenn es sich wirklich um eine reine Informationsveranstaltung handelt, nimmt man ihn am besten hin wie eine Mehrwertsteuererhöhung. Es lässt sich ohnehin nichts dagegen unternehmen. Malen Sie Kästchen aus oder spielen Sie Galgenmännchen mit Ihrem Nachbarn und warten Sie auf die erlösenden Worte: »Und noch einen schönen Abend.«

47.

WIE SIE EINEN ELTERNABEND ÜBERSTEHEN, DEN JEMAND BESTIMMTES GEWOLLT HAT

Normalerweise werden Elternabende von ehrfurchtsheischenden Institutionen oder Autoritäten einberufen, also etwa von Lehrern, Schulleitern oder Domkapellmeistern. Diese sind in der Auswahl ihrer Daten und Anlässe weitgehend frei. Sie laden zu Elternabenden ein, weil mal wieder einer fällig ist oder weil sie es so wollen. Ganz selten werden Sie erleben, dass ein Elternabend angesetzt wird, weil ein Mitglied der Elternschaft es so will.

Selbst wenn am Ende eine repräsentative Gruppe die Einladung zu einem Elternabend beantragt, wünscht oder erzwingt, steht am Anfang oft eine einzelne durchsetzungsfähige Person, die der Ansicht ist: »Wir brauchen einen Elternabend.« Diese Person verbringt dann sehr viel Zeit am Telefon oder Computer,

ELTERNABENDE SIND KEINE STUNDEN DER WAHRHEIT.

um die für die Einladung notwendige Gruppengröße zusammenzuholen. Dann folgt die Durchsetzung gegenüber der oben beschriebenen Autorität.

Auf Elternabenden gibt es Gerüchte darüber, wie solch ein von Elternseite gewünschter Elternabend auch gegen den Willen der Autorität durchgesetzt werden kann. Da ist von Gesetzestexten die Rede, die man über Bekannte im Kultusministerium hat kopieren lassen, von Telefongesprächen mit Staatssekretären und von Andeutungen, dass eine größere Spende für das Schulorchester eventuell doch nicht möglich sei ... Es hat schon einen Hauch von James Bond. Oft haben die Autoritäten aber auch gar nichts dagegen einzuwenden, einen außerordentlichen Elternabend auf Wunsch einzelner Eltern einzuberufen, und nehmen dem Ganzen damit etwas die Revolutionsromantik.

Wie dem auch sei, diejenigen Eltern, deren Wunsch der Vater der Einladung war, sind auf dem Elternabend recht einfach zu erkennen. Sie sitzen in der ersten Reihe und unterhalten sich laut.

Sollten Sie zu ihnen gehören, genießen Sie das Gefühl, tatsächlich etwas getan zu haben. Sie haben nicht nur auf Missstände hingewiesen, am Schultor mit anderen Müttern geklagt und geschimpft, sondern Sie sind aktiv geworden. Bravo!

Jetzt haben Sie die Angelegenheit allerdings in die Hände anderer Eltern gegeben, die schon wissen, dass es besser ist, aktiv zu werden, als nur zu schimpfen, deren Aktivität sich aber auf die Teilnahme an diesem Elternabend, an IHREM Elternabend, beschränkt. Diese Eltern werden alles tun, um Ihren Vorsprung an moralischer Überlegenheit wettzumachen, und nun ihrerseits aktiv werden, indem sie Ihre Vorschläge ablehnen, sich auf die Seite der Schulleitung schlagen oder sonst etwas Destruktives tun. Lassen Sie sich diesen Elternabend, IHREN Elternabend, nicht entreißen. Es geht keineswegs nur um ein sachliches Problem, obwohl Sie das natürlich lautstark betonen müssen, es geht auch um den Nachweis, dass Sie als Eltern überhaupt in der Lage sind, eigene Impulse an den Schulen Ihrer Kinder zu setzen. Schließlich hat das Grundgesetz zuvörderst Ihnen die Pflicht zur Erziehung Ihrer Kinder übertragen und nicht Frau Schneider-Hahnenkamp.

Was Sie hier tun, ist gelebte Demokratie. Herrschaft des Volkes. Herrschen Sie! Und sei es nur für einen (Eltern-)Abend.

Sollten Sie zu den Eltern gehören, die zwar mit einer gewissen Spannung erschienen sind, aber den »Aktionismus« der impulsgebenden Eltern nicht teilen, können Sie entweder die Aufregung genießen oder sich eine der diskutierenden Parteien aussuchen. Rot, Grün oder Blau. Häufig wird es widersprüchliche Informationen darüber geben, warum der Elternabend dringend notwendig war und an einem bestimmten Punkt könnte es nötig werden, bestimmten Personen einfach zu glauben. Damit wird der Elternabend zu einer Art Religionskrieg. Sie können daran glauben, dass der Sportlehrer wusste, dass die Zehntklässler auf dem Schulhof rauchen, und es ignoriert hat, oder Sie können sich der Fraktion anschließen, die glaubt, dass er es wirklich nicht gemerkt hat und von jeder bösen Absicht freizusprechen ist. Über diesen oder einen ähnlichen völlig unbeweisbaren Punkt können Sie den Rest des Abends streiten wie über die jungfräuliche Empfängnis, bei der schließlich auch keiner von Ihnen dabei war.

Für Lehrkräfte sind solche Elternabende häufig eher entspannte Angelegenheiten. Schließlich haben sie ja nicht zum Elternabend eingeladen. Sie können sich in diesem Fall auch mit dem Lehrer solidarisieren, sich zurücklehnen und ein privates Gespräch führen, während Ihre Elternkollegen versuchen, das

Problem einzukreisen. Vielleicht erfahren Sie dabei sogar etwas Neues und Spannendes. Wie war das? In der Oberstufe sollen Schüler mit dem Handy im Unterricht gefilmt und das Ganze auf YouTube gestellt haben?

Das sollten wir unbedingt auf einem Elternabend besprechen.

48.

WIE SIE EINEN ELTERNABEND VOR EINER KLASSENFAHRT ÜBERSTEHEN

Klassenfahrten sind große Ereignisse, die ihre Schatten unter die Augen werfen.

Es wird ein paar Jahre dauern, bis Sie sich daran gewöhnt haben. Die ersten Jahre werden Sie damit zubringen, immer nervöser zu werden, je näher der Tag der Abfahrt rückt. Am Morgen des großen Tages werden Sie und Ihr Kind mit verkrampftem Magen auf gepacktem Koffer sitzen, den Brustbeutel mit Kinderausweis, Adresse der Eltern, Geld für den Notfall und Kopie des Impfpasses wie eine Kuhglocke um den Hals gehängt, und irgendwann wird einer von Ihnen mit zitternder Stimme sagen: »Ich glaube, wir sollten jetzt fahren. Um acht ist Treffpunkt.«

Es wird dann ungefähr sieben sein.

Spätestens in der 10. Klasse wird Ihr Sohn Ihnen abends zurufen: »Ach, übrigens, morgen gehen wir auf Klassenfahrt. Ich geh mir grad' noch ein Sixpack holen für die Fahrt.«

Vor die Klassenfahrt aber haben die Götter den Elternabend gesetzt.

Meistens kündigt er sich mit Elternbriefen an wie ein Gewitter durch Wetterleuchten. Die Sorte Elternbriefe mit Abschnitten, die Ihr Kind unterschrieben wieder mitbringen muss. Elternbriefe, in denen Kontonummern stehen, auf die Sie bis vorgestern 300 Euro hätten überweisen müssen. Elternbriefe, auf denen Sie eintragen müssen, ob Ihr Kind gegen irgendetwas allergisch ist, regelmäßig Medikamente nehmen muss und dass es nach Hause geschickt wird, wenn es sich danebenbenimmt. Elternbriefe, in denen das Datum des Elternabends zur Vorbereitung der Klassenfahrt steht. Je kleiner die Kinder, umso strapazierender diese Elternabende. Einige Klassiker, die so unfehlbar wiederkehren wie *Country Roads* von John Denver im Radio:

Dürfen, sollen, können Handys und MP3-Player mit auf die Klassenfahrt genommen werden?

Müssen die Kinder gegen FSME (durch Zecken übertragene Hirnhautentzündung) geimpft sein oder genügt es, wenn die Eltern unterschreiben, dass sie Begleitpersonen erlauben, die Kinder jeden Abend am ganzen Körper nach Zecken abzusuchen? (Die Begleitpersonen selber favorisieren die Impfung.)

Sollen, dürfen, müssen die Kinder Geld mitnehmen? (Ja. In keiner Landschulerholungseinrichtung in diesem unserem Lande gibt es gratis etwas anderes als Hagebuttentee zu trinken.)

Muss Bettwäsche mitgebracht oder kann sie dort gegen Gebühr ausgeliehen werden, und weiß Ihr Kind überhaupt, was man mit Bettwäsche macht? Wird es glutenfreies, lactosefreies, vegetarisches, veganes, halalkonformes oder überhaupt kein Essen geben? Im letzteren Fall wird eine Liste herumgehen, auf der Sie eintragen müssen, was Sie zur Selbstversorgung der Klasse beizusteuern gedenken.

Und schließlich der Klassiker aller Klassenfahrt-Elternabende: Welchen pädagogischen Nutzen soll die Klassenfahrt haben, und wann gehen die Kinder schlafen? Gelegentlich kann man erfahrene Eltern mit mehreren Kindern an dieser Stelle im

Hintergrund höhnisch schnauben und »keinen und gar nicht« murmeln hören, aber ganz so schlimm ist es nicht. Allerdings kann es sein, dass der pädagogische Nutzen, den die Kinder aus der Klassenfahrt ziehen, nicht mit dem von Eltern und Lehrern auf dem Elternabend besprochenen identisch ist.

Fast alle Klassenfahrten sollen das Gemeinschaftsgefühl innerhalb der Klasse stärken. Sprechen Sie sich auf dem Elternabend dafür aus, dass zwei Klassen gleichzeitig und in dasselbe Landschulheim fahren. Nichts stärkt das Gemeinschaftsgefühl innerhalb einer Klasse besser als ein nächtlicher Überfall auf eine andere Klasse. Ansonsten kann es durchaus sein, dass das Gemeinschaftsgefühl an einer Stelle in der Klasse gestärkt und dafür an einer anderen geschwächt wird. Häufig muss anschließend eine neue Sitzordnung im Klassensaal organisiert werden, weil sich Annabella-Luisa als unmögliche Zicke entpuppt hat, neben der niemand mehr sitzen will. Oder weil Roderich auf Adalberts PSP gekotzt hat.

Sie werden es auf dem ersten Elternabend vor einer Klassenfahrt Ihrer Lieblinge nicht glauben, aber Ihr Kind wird vergnügt, mit dreckiger Wäsche und Taschen voller Eicheln und bunter Steine wiederkommen. Es wird in der Lage gewesen sein, selber sein Bett zu machen, einen ganzen Tag ohne Facebook auszukommen, Dinge erlebt haben, von denen es Ihnen sofort erzählen muss, und solche, die Sie nie erfahren werden.

Es sei denn, die Lehrerin erzählt sie Ihnen.

49

WIE SIE EINEN ELTERNABEND VOR
EINEM WETTKAMPF ÜBERSTEHEN

Auch die Teilnahme an sportlichen Wettkämpfen bedarf der Gewöhnung. Damit Sie sich damit leichter tun, veranstalten viele Sportvereine vor dem ersten Wettkampf oder vor größeren Ereignissen Elternabende, die zwei Zielen dienen. Erstens sollen Sie als Eltern Informationen erhalten, die die Chancen verbessern, dass Sie und Ihre Kinder zur richtigen Zeit am richtigen Ort sind – eine Garantie dafür wird es allerdings nie geben –, und zweitens dürfen Sie alle möglichen Aufgaben übernehmen. Vor allem, wenn der Wettkampf von Ihrem Verein selbst ausgerichtet wird, geht nichts ohne ehrenamtliche Helfer. Das sind Sie, und auf dem Elternabend wird entschieden, worin Ihre Hilfe bestehen soll.

Väter haben es wie meistens am einfachsten, sie werden zum Grillen, Bierausschenken und Biertischgarniturenaufbauen eingeteilt. Wenn das getan ist, dürfen sie sich auf dieselben setzen, Ersteres essen und Letzteres trinken. Die Müttern zugedachten Aufgaben sind diffiziler.

Da gäbe es die Zubereitung von Salaten. Es muss aber genau besprochen werden, was für Salate, damit alle möglichen Konfliktfelder minenfrei sind. Es müssen eventuelle Nahrungsmittelunverträglichkeiten bei Sportlern und Besuchern bedacht werden, es muss auf religiöse und kulturelle Bedürfnisse Rücksicht genommen werden, und vor allem dürfen es nicht alles dieselben Salate sein. Tonnen von Kartoffelsalat ruinieren das schönste Turnier.

Nämliches gilt für Kuchen. Wenn Sie Zugang zu einer anderen kulinarischen Tradition als der deutschen haben, bieten Sie etwas davon an. Man wird es Ihnen garantiert nicht abschlagen, schon aus ethischen Gründen, und fast niemand wird in der Lage sein, die Qualität Ihrer Spende objektiv zu beurteilen. Das nimmt Ihnen eine Last von den Schultern, die alteingeborene Mütter, die seit Generationen im Wettbewerb um den besten Pflaumenkuchen stehen, jährlich wiederkehrend stemmen müssen.

Ein weiteres Problem könnten Preise und Urkunden darstellen. Sie werden es vielleicht nicht glauben, aber es gibt Geschäfte, in denen man Pokale und Medaillen kaufen kann. In unterschiedlichen Farben, Formen und Größen. Mit aufgelaserten oder eingravierten Logos, Bildchen und Lorbeerkränzen und hinterher mit aufgeklebten Jahreszahlen und Platzierungen. Jemand muss die Aufkleber mit den Jahreszahlen und Platzierungen anbringen. Glückwunsch, Sie haben eine Aufgabe!

Natürlich hat der Verein einen Kopierer im Büro stehen, aber wenn einer der anwesenden Väter vielleicht eine Möglichkeit wüsste, die Siegerurkunden auf farbigem Papier ausdrucken zu lassen? Sähe so viel schöner aus ... Danke! Und am Wettkampftag bitte rechtzeitig mitbringen.

Ihre Kinder werden am Wettkampf teilnehmen und sich um nichts anderes Gedanken machen. Ihnen selber ist schon am Tag nach dem Elternabend herzlich egal, ob Ihr Kind Erster, Siebter oder 16. von 18 wird. Sie machen sich Gedanken, ob Sie genug Würstchen gekauft haben, wo der Metro-Ausweis geblieben ist, den Ihnen der Schatzmeister geliehen hat, und ob Sie die Einlaufmusik in AVI oder MP3-Format auf dem Stick haben (Ersteres müssten Sie vorsichtshalber noch konvertieren. Es ist noch nicht Mitternacht, schleichen Sie einfach noch mal rauf an den PC!). Der Elternabend vor dem Wettkampf ist IHR Wettkampf. Wenn Sie ihn gewinnen, besteht Ihre Medaille in den leuchtenden Augen Ihres Kindes, das am Abend, wenn Sie erschöpft die Kartoffelsalatreste aus den Schüsseln kratzen, mit Pokal im Arm ins Bett fällt und schon halb schlafend »Ich bin 15. geworden!« murmelt.

50.

WIE SIE EINEN ELTERNABEND AUS ANLASS EINES KONFLIKTES ÜBERSTEHEN

Früher oder später wird es dazu kommen. Es gibt Ärger im Paradies. Es ist etwas »weggekommen« (Euphemismus für »gestohlen worden«), es gibt Mobbing-Fälle (Euphemismus für kindliche Grausamkeit), Krankheiten oder Unfälle betreffen die ganze Gemeinschaft, oder im Umfeld der Schule oder des Kindergartens gibt es Vorfälle, die einer gemeinsamen Aktion bedürfen.

Eines sollten Sie sich eingestehen: Konflikte sind eklig, aber sie machen auch Spaß. Solange man nicht selbst betroffen ist. Wenn das eigene Kind das gemobbte oder verunfallte ist, macht es ganz schnell weniger Spaß, aber auch dann bleibt der Elternabend aus Anlass eines Konflikts eine besondere Herausforderung in Ihrer Elternabend-Karriere.

Es ist etwas ganz anderes, ob Eltern gähnend versuchen zuzuhören, wie die Mathelehrerin kompetenzorientierten Mathematikunterricht erklärt (»Ich versuche immer, offen für alternative Lösungswege zu sein«), oder ob sie sich in die Frage verbeißen, ab wann man in einem Fall von offensichtlicher Verhaltensauffälligkeit eines Mitschülers das Jugendamt informieren sollte. Zu kompetenzorientiertem Mathematikunterricht kann niemand etwas sagen. Zu verhaltensauffälligen Mitschülern hat jeder etwas zu sagen, manche sogar mehrmals. Auf Konfliktelternabenden prallen Welten aufeinander, vor allem die reale und die erträumte. Nicht selten werden Eltern auf solchen Veranstaltungen mit Verhaltensweisen der eigenen Kinder konfrontiert, die sie weder für möglich hielten noch schätzen. Konfliktelternabende können überdies an Grenzen führen, denen man sich in unserer schönen schlagbalkenfreien Schengen-Zeit meinte, gar nicht mehr nähern zu müssen. Krankheit und Tod können dabei vorkommen. Gott sei Dank nicht oft, aber auch nicht nie. Interpretationshoheiten und Machtansprüche können auf dem Elternabend selbst zusätzliche Konflikte bilden wie Metastasen. Die Frage, wie mit Konflikten umgegangen werden soll, wird selten zu denen gehören, die man schon im Vorfeld überdacht und geklärt hat. Bevor man überhaupt Kinder hatte, heißt das.

Auch das Bedürfnis zu helfen kann Konflikte verschärfen oder neue entstehen lassen. Konflikte, die die Teilnehmer emotional sehr belasten, rufen nach Ventilen. Schuldzuweisungen und Aktionismus sind solche Ventile. Unterschriftenlisten, Eingaben an die Landesregierung, Anrufe bei Zeitungen und Radiosendern werden gefordert, besprochen, beschworen, auch wenn das vielleicht nur dazu beiträgt, sich nicht mehr hilflos zu fühlen. So merkwürdig es klingt, auch das kann Spaß machen. Wenn man angesichts eines großen Problems immerhin den Versuch einer großen Lösung unternehmen kann (»Ich kenn da jemanden beim ZDF!«), gibt das ein großes Gefühl. Nicht unbedingt ein gutes, aber ein großes.

Mitunter werden solche Elternabende auch aus mehr oder weniger politischen Gründen einberufen. Wenn eine bestimmte Lehrkraft als »nicht mehr tragbar« gilt, wenn Teile der Elternschaft ein Problem haben, das sich nicht in Einzelgesprächen mit Lehrern lösen lässt, wenn ein sehr beliebter Lehrer aus unverständlichen Gründen entlassen wird ...

Es gibt da Möglichkeiten, zum 15-Minuten-Helden zu werden. Auch Sie sind ein Jedi! Hoch die interparentale Solidarität! Ein Leserbrief an die Lokalzeitung, unterschrieben mit »Elterngemeinschaft der 5d«, in dem Sie sich einstimmig hinter den geschassten Musiklehrer stellen, wird in Ihrer Erinnerung zu dem Moment werden, in dem Sie am stärksten gespürt haben, dass Sie mehr sind, als auf Ihrer Einkommenssteuererklärung unter »Beruf« steht.

Trotzdem, ich wünsche Ihnen, dass Sie nie einen Elternabend aus Anlass eines Konfliktes besuchen müssen. Es bleiben Ihnen zwar spannende Einblicke in eine Realität verborgen, die nicht so planbar ist wie die Wahl der Leistungskurse in der Oberstufe Ihrer Tochter, aber es wird immer Kollateralschäden geben. Konflikteelternabende werden mit mehr Adrenalin geführt als andere, und die Folgen sind entsprechend. Stellen Sie sich ihnen, wenn sie Ihnen begegnen, aber wünschen Sie sich keine. Und denken Sie daran: Bevor Sie auf dem Elternabend den Konflikt besprechen, hat Ihr Kind ihn schon irgendwie erlebt. Machen Sie es ihm so leicht wie möglich. Das Leben ist schwer genug, auch wenn es manchmal langweilig ist.

51.

WIE SIE EINEN ELTERNABEND ÜBERSTEHEN, DER AUS ANLASS EINES UNFALLS STATTFINDET

Das kann ganz harmlos sein. Anna-Karenina hat sich beim Reiten das Bein gebrochen. Kann passieren. Aber der Klassenraum liegt im dritten Stock, und aus Brandschutzgründen darf die Schule keinen Schüler im dritten Stock unterbringen, der im Falle eines Feueralarms nicht in der Lage ist, aus eigener Kraft über die Treppe zu flüchten. Also muss die ganze Klasse umziehen, und Sie als Eltern werden einerseits darüber informiert – auch darüber, dass Anna-Karenina für den Besuch des Musikunterrichts im zweiten Stock den Aufzug benutzen darf und sich dafür den Aufzugschlüssel im Sekretariat abholen darf, dass aber jeder andere Schüler, der mit dem Aufzugschlüssel erwischt wird, mit härtesten Konsequenzen rechnen muss – und andererseits um Verständnis gebeten, wenn es manchmal Verzögerungen beim Unterrichtsbeginn gibt, oder um Hilfe, wenn für den gemeinsamen Ausflug ein Auto gesucht wird, in den der Rollstuhl passt.

Es kann auch ernster sein. Ein Unfall kann die Folge eines Fehlverhaltens sein, das möglichst nie, nie wieder vorkommen soll. Dann werden Elternabende einberufen, auf denen allen Eltern eindringlich ans Herz gelegt wird, mit Ihren Kindern darüber zu sprechen, dass es kein Zeichen von besonderem Mut ist, erst im letzten Moment vor dem herannahenden Schulbus von der Straße zu springen, und dass sie alle einen Brief an Timothy-Kevin schreiben sollen, in dem sie ihm gute Besserung wünschen und dass er die Intensivstation bald verlassen kann.

Sie werden still werden auf solchen Elternabenden, irgendwann werden Sie still werden. Meistens gibt es einige Eltern, die länger dafür brauchen, die immer wieder aufstehen und schimpfen, nach Verantwortlichen rufen und nach Konsequenzen. »Man muss doch« und »man kann doch nicht« sind die Antiphonen ihres Klagerufes, den sie stellvertretend für die anderen, die schon still geworden sind, dem Himmel oder der Stadtverwaltung entgegenschleudern. »Man muss doch vor einer Schule eine Tempo-30-Zone einrichten!!!«

Man muss etwas tun, und man wird etwas tun, aber das Geschehen wird dadurch nicht ungeschehen. Stellen Sie sich dem Elternabend aus Anlass eines Unfalls mit Demut. Es könnte geschrien werden, es könnten Tränen fließen, das ist alles gerechtfertigt. Bitten Sie irgendwen um Erbarmen, wenn Sie können, aber tun Sie es zusammen. Zu Hause mit Ihren Kindern, auf dem Elternabend mit den anderen Eltern. Sie gehen sich oft auf die Nerven, Sie finden sich gegenseitig unmöglich (und Ihre Kinder erst recht), aber solange Ihre Kinder gemeinsam einer Gruppe angehören, sind Sie eine Gemeinschaft. Weichen Sie dem nicht aus!

52.

WIE SIE EINEN ELTERNABEND ÜBERSTEHEN, DER AUS ANLASS EINER ÄUSSEREN BEDROHUNG STATTFINDET

Man könnte denken, über derlei Elternabende gäbe es fast nichts auch nur annähernd Amüsantes zu schreiben. Wenn aus Anlass einer äußeren Bedrohung eingeladen wird, denkt der elternabendunerfahrene Leser schnell an unerfreuliche Dinge wie Amokläufe oder Anschläge. Über diese Art äußerer Bedrohung lässt sich in der Tat nur sagen: Folgen Sie den Anweisungen der Verantwortlichen. Und beten Sie, dass diese wissen, was sie tun.

Es gibt aber eine äußere Bedrohung, die im Laufe Ihres Elternlebens unweigerlich auf Sie zukommen wird, wahrscheinlich schon im Kindergarten oder in der Grundschule: Kopfläuse.

Unterschätzen Sie die kleinen Biester nicht, sie haben mehr mit Bedrohungen der oben beschriebenen Art gemeinsam, als man denken möchte. Auch Kopfläuse sind auf Blut aus. Man sieht sie nicht, sie verbreiten sich schneller als ein bösartiges

Gerücht und sind ähnlich schwer zu bekämpfen. Sind in einer Kindergartengruppe oder Schulklasse Kopfläuse aufgetreten, laden verantwortungsbewusste und erfahrene Verantwortliche immer zu einem Elternabend ein. Wenn nur in einem Rundschreiben auf das Problem hingewiesen wird, haben Sie augenblicklich beides: bösartige Gerüchte UND Kopfläuse. Vor den Toren des Gebäudes wird es tagelang nur ein Thema geben: Wer hat sie eingeschleppt?

Verantwortungsbewusste Lehrer und Erzieherinnen räumen denn auch sofort in der Begrüßungsrede zum Elternabend mit dem Gerücht auf, dass Kopfläuse ein Resultat mangelnder Hygiene seien.

»Sie können sich jeden Tag die Haare waschen«, sagte eine sehr erfahrene Lehrerin zu diesem Thema. »Wenn Sie Läuse haben, haben Sie dann eben gewaschene Läuse.« Die durchschnittlich zähe Kopflaus schüttelt sich einmal das Shampoo aus dem Saugrüssel und macht sich wieder an die Arbeit. Ihre Nachkommenschaft, die sogenannten Nissen, sind sogar noch hartnäckiger. Sie kleben sich an die zarten Haarsträhnen Ihres Kindes und überstehen auf diese Weise auch heftigste Kopfwäschen.

Auf dem Elternabend wird, nachdem sich das aufgeregte Getuschel, wer denn die eingeschleppt habe, gelegt hat, eine Liste an Symptomen und Gegenmaßnahmen ausgeteilt werden. Sie werden aufgefordert werden, alle Kopfkissen, Kopfbedeckungen, Kuscheltiere und Haarbürsten Ihrer Kinder über 36 Stunden einzufrieren oder professionell desinfizieren zu lassen. Besonders hysteri … äh, verantwortungsbewusste Mütter werfen alle diese Dinge weg (obwohl ihnen der gesunde Menschenverstand sagen müsste, dass Läuse, da sie von menschlichem Blut leben, auf Mützen, Kopfkissen und Plüsch-Tabalugas gar nicht lange überleben können).

Die Kinder, so die Lehrerin weiter, werden angehalten, nicht mehr die Köpfe zusammenzustecken, wenn sie der Freundin etwas zuflüstern wollen. Ein gut gemeinter Ratschlag, der schon an der Mitteilung »Eh, die denkt, wir haben Läuse«, während des Vortrags ins Ohr der Nachbarin gehaucht, scheitern wird. Sie selbst werden gebeten, auf Anzeichen wie vermehrtes Kratzen, klebrig und verwichselt wirkende Haarstellen oder gar Blutflecken auf den Kopfkissen zu achten.

Spätestens bei der Erwähnung von Blut befindet sich der gesamte Elternabend in Schockstarre.

Erfahrene Lehrkräfte führen diesen Zustand so schnell wie möglich herbei, denn in Schock erstarrte Eltern rufen nicht dazwischen, stellen keine Fragen, die schon dreimal beantwortet wurden (»Woran erkennt man die Nissen?«) oder nicht zu beantworten sind (»Wie lange dauert es, bis die wieder weg sind?«), und versuchen nicht herauszufinden, wer schuld ist. Das ist sowieso die überflüssigste Frage schlechthin. Wer auch immer die Kopfläuse als Erster hatte – und es kann JEDES Kind gewesen sein, unabhängig von Herkunft, Hautfarbe, Bildungs- oder Kontostand der Eltern –, wenn sie da sind, sind sie da. Waschen Sie Ihrem Kind die Haare, am besten mit einem hochwirksamen Mittel aus der Apotheke, und wenn das auch nichts nützt, schneiden Sie ihm die Haare ab. So kurz wie möglich oder wie das Kind toleriert. Je mehr Eltern bald zu diesen Maßnahmen greifen, umso schneller ist die Läuseplage vorbei und umso mehr Kuscheltiere bleiben vom Wegwerfen verschont.

Es kann allerdings sein, dass Ihr Kind Ihnen das nie verzeiht. Vor allem Töchter mit langen, schönen Haaren können den Zorn über eine auf diese Weise unfreiwillig erhaltene Kurzhaarfrisur lange, lange hegen.

53

WIE SIE EINEN ELTERNABEND ÜBERSTEHEN, BEI DEM ES UM GELD GEHT

Nur in ganz seltenen Fällen wird es auf einem Elternabend um Geld gehen, das Sie zu kriegen haben, und wenn wird es sich um geringe Summen handeln und schnell vorbei sein. Falls für Veranstaltungen der Schulklasse oder der Sportmannschaft Geld eingesammelt und weniger verbraucht wurde, als vorgesehen war, wird der Restbetrag einer Gemeinschaftskasse zugeschlagen für »den nächsten bunten Abend«. Sie werden es nicht vermissen. 50 Euro waren veranschlagt gewesen, 50 Euro haben Sie bezahlt. Es hat nur 35 gekostet, na, wenn schon!

Geld zurück gibt es eigentlich nur, wenn die eingeforderten Beträge dreistellig waren und für Dinge wie Flugtickets oder Eintrittskarten in Museen ausgegeben wurden. Dinge also, für die es Quittungen gibt. Dann erhalten Sie skrupulös 4,30 Euro zurück, wenn es doch Gruppenrabatt gab.

Viel häufiger werden Sie es erleben, dass auf Elternabenden besprochen wird, wie viel Geld Sie abgeben dürfen. Gewiss, in Deutschland erheben nur wenige Privatschulen Schulgebühren, das heißt aber noch lange nicht, dass der Besuch öffentlicher Schulen gratis wäre, auch wenn er manchmal umsonst ist. Vor allem zu Beginn einer Schulkarriere, also in der 1. und 5. Klasse, werden Elternabende Sie schonend auf diese Tatsache vorbereiten.

Schonend nicht deshalb, weil Sie die Kosten für Klassenfahrten, Lektüren, Kopien und Material für den Kunstunterricht, Spindgebühren und Mittagessenbeiträge in Raten abstottern dürften, sondern weil man Ihnen erst nach und nach erzählen wird, um welche Beträge es sich handelt. Dabei gehen vor allem Lehrer nach einem bewährten Prinzip vor: Sie reden immer erst ganz zuletzt über Geld. Mit anderen Worten, Sie bekommen erst zu hören, wie viel besser die Markenfilzstifte von Albatros für die Kunsterziehung der Schüler sind, wie die bessere Handhaltung an diesen von Ergotherapeuten entwickelten Stiften die Ergebnisse beeinflusst und dadurch das Selbstvertrauen Ihres Kindes gestärkt wird (das wollen Sie doch, oder? ODER?), und dann erst, dass Sie für jeden einzelnen Stift 7,50 Euro hinlegen sollen und Ihr Kind mindestens fünf verschiedene Farben braucht, besser zehn.

Erfahrene Grundschullehrerinnen teilen Materiallisten aus, mit denen Sie dann inmitten einer Herde gestresster Mit-Mütter eine Schreibwarenhandlung stürmen, wo der Inhaber bereits alle Stifte, Hefte, Umschläge, Wasserfarbkästen, Radierstifte, Leuchtmarker, Flachlocher, Einschlagfolien, Bleistifte und Folienschreiber, die auf der Liste stehen, für Sie bereithält. Die Lehrerin hat ihm auch eine Liste zukommen lassen.

Froh, nicht selber suchen zu müssen, nehmen Sie die für Sie vorbereitete Tüte in Empfang, zahlen einen hohen zweistelligen Betrag und stellen später fest, dass Sie das Ganze bei Aldi für die Hälfte bekommen hätten. Sie trösten sich damit, dass Sie Zeit gespart haben, und die ist ja bekanntlich auch Geld, und ärgern sich, dass Sie am Elternabend keinen Blick auf die Liste geworfen haben, die Ihnen in den letzten drei Minuten in die Hand gedrückt wurde.

In der weiterführenden Schule profitieren die Lehrer davon, dass zu Elternabenden in der Regel der Klassenlehrer einlädt, während die Fachlehrer die Kosten verursachen. Abgesehen von Klassenfahrten, die mit drei-, in Ausnahmefällen sogar vierstelligen Beträgen zu Buche schlagen können, wird sich das alles nicht so teuer anhören. Lektüre für den Französischunterricht, 8,50 Euro, ein Werk von Schiller für Deutsch (Sie hätten noch eine alte Ausgabe zu Hause, aber alle müssen die gleiche haben), Reclam, 4,50 Euro, Spezial-Notenhefte für den Musikunterricht, sechs Euro – geht ja alles noch. Erst wenn Sie es daheim addieren, merken Sie, dass Sie im Verlauf eines Elternabends um fast 20 Euro ärmer geworden sind, und dann müssen Sie am nächsten Morgen noch 15 Euro Kopiergeld mitgeben.

All diese Ausgaben stehen auf dem Elternabend nicht zur Diskussion. Sie werden Ihnen mitgeteilt.

Etwas anderes ist es, wenn die schon mehrfach erwähnten Klassenfahrten anstehen. Hier dürfen Sie als Eltern mitgestalten. Reiseziel und notwendige Ausgaben müssen in der Elterngemeinschaft besprochen und abgestimmt werden. Niemand kann von Ihnen verlangen, mal eben einen Tausender auf den Tisch zu legen.

Oder?

Wie gut es sein kann, so etwas gründlich und offen auf einem Elternabend zu besprechen, zeigt das Beispiel eines deutschen Gymnasiums. Dort war beschlossen worden, dass die Kursfahrt des Englisch-Leistungskurses nach New York gehen sollte. Selbstverständlich würden weniger betuchte Familien Unterstützung bei der Finanzierung erhalten, wie das ja auch bei der Beschaffung von Schulbüchern der Fall ist. Wie sich auf dem Elternabend herausstellte, waren alle Familien der teilnehmenden Schüler beihilfeberechtigt, und so flog der Englisch-Leistungskurs letztlich auf Kosten des Landes nach New York. Der Schulleiter gelobte zerknirscht, in Zukunft besser aufzupassen, was auf Elternabenden an seiner Schule besprochen wird. Aber erst nachdem die ganze Sache einer breiten Öffentlichkeit zu Ohren gekommen war.

54

WIE SIE EINEN ELTERNABEND ÜBERSTEHEN, BEI DEM BEINAHE DIE PRESSE GEKOMMEN WÄRE

Das Gerücht verbreitet sich wie ein Lauffeuer: Es kommt jemand von der Zeitung! Zum Elternabend! Wegen … ja, weswegen eigentlich?

Eine Mitschülerin Ihrer Tochter hat bei »Jugend forscht« gewonnen! Die Lokalzeitung will einen Artikel über die Klassengemeinschaft bringen und hat sich zum Elternabend eingeladen. Spannend! Sie ziehen sich sorgfältiger an als sonst.

IHRE Tochter hat bei »Jugend forscht« gewonnen! Hoffentlich bringen die einen Fotografen mit!

Es hat einen Skandal in der Klasse gegeben. Mobbing, Missbrauch, etwas in der Art. Sie diskutieren aufgeregt mit den anderen Eltern, ob man die Öffentlichkeit überhaupt zulassen sollte.

Ihre Schulklasse (eigentlich natürlich die Ihrer Kinder) hat irgendwas Besonderes zu bieten. Sie sind die erste Inklusionsklasse im Landkreis, die erste Klasse mit iPads, die erste Schule mit Smartboards und werden vorgeführt wie die Zirkusponys. Sie geben sich irritiert und genießen es.

All diese Gelegenheiten sind beinahe Rituale einer längst untergegangenen Welt. Ihre Elternabende SIND öffentlich. Alles ist öffentlich. Ihr Nachbar fotografiert voller Stolz den Sitzplatz seiner kleinen Tochter in der 1. Klasse und stellt das Foto auf Instagram. Vorne in der ersten Reihe postet jemand den amüsanten Versprecher des Sportlehrers auf Twitter und erreicht damit mehr Öffentlichkeit als die Lokalzeitung mit ihrem bebilderten Artikel.

Natürlich ist so etwas erstens rechtliche Grauzone (Sie müssen die Lehrerin als Vertreterin der Schule in ihrer Eigenschaft als

Besitzer des Tisches Ihrer Tochter fragen, ob sie dessen Bild auf Instagramm stellen dürfen) und zweitens schlechtes Benehmen, aber Realität ist es auch.

Darum ist es gut, wenn Sie bei der Ankündigung »Es kann sein, dass jemand von der Presse kommt« deutlich aufgeregter sind, als wenn Sie sehen, wie der stolze Papi vor Ihnen das Bild vom Tisch, an dem Luisetta sitzt, mit Filter »Romeo« versieht und ins Netz jagt. Es bedeutet, dass tief in Ihrem Innern ein Rest gesunder Realitätswahrnehmung schlummert. Die leibhaftige Journalistin mit ihrem Block (aus Papier!) und der Fotograf hinter ihrer rechten Schulter, die von Ihnen hören wollen, wie Ihnen das gefällt mit den iPads für Sechsjährige, vermitteln Ihnen ein ganz anderes Gefühl des Wahrgenommen-Werdens als die 500 Klicks auf YouTube für das offizielle Video aus dem Klassensaal (von der Schulleitung autorisiert). Deswegen sind Sie auch so enttäuscht, wenn die Klassenlehrerin zu Beginn des Elternabends mitteilt, leider habe sich der Pressetermin zerschlagen.

Da hätten Sie doch in Jeans und Sweatshirt kommen können.

55.

WIE SIE EINEN ELTERNABEND ÜBERSTEHEN, BEI DEM ES UM SEXUALKUNDE GEHT

Dieses Thema wird im Unterricht nicht halb so heiß gekocht, wie es auf dem Elternabend gegessen wird. Zum ersten Mal werden Sie wahrscheinlich gegen Ende der Grundschule damit zu tun haben. Die Lehrerin hat ein paar nette Bücher mitgebracht (Peter, Ida und Minimum ist garantiert dabei), die nun von

Hand zu Hand gehen. Einige blättern interessiert darin, andere schlagen höflich das Inhaltsverzeichnis auf und geben sie dann schnell weiter. Sie beobachten das aus den Augenwinkeln und schließen mit sich selber Wetten ab, wer was tun wird.

Die Stimmung ist gespannt auf diesen Elternabenden. Weniger wegen des Themas. Alle Teilnehmer sind sehr dafür, dass die Kinder oder Jugendlichen Bescheid wissen über sexuell übertragbare Krankheiten, Aids, Impfung gegen Gebärmutterhalskrebs und Adressen von Babyklappen. In der Theorie hat damit niemand ein Problem. Erst wenn der Lehrer schwungvoll eine Sammlung Kondomtüten auf den Tisch kippt und sagt, dass der »bestimmungsgemäße Gebrauch praktisch eingeübt werden soll«, geht eine Welle der Unruhe durch den Raum. Woraufhin sich alle erstaunt umschauen, von wem die denn ausgeht.

Sie sollten auf solchen Elternabenden gut zuhören, denn abgesehen von einigen sehr seltenen Ausnahmefällen werden Sie von Ihren Kindern nichts über den Unterricht erfahren. Harmlos klingende Fragen wie »Was macht ihr denn so in Bio zur Zeit?« werden schulterzuckend mit »Na ja, so was mit Vererbung« ins Aus gekickt. Grundschüler verweigern sich dem Thema häufig ganz. Sie lachen an den Stellen, von denen sie annehmen, dass ihre Freunde annehmen, dass man da lachen sollte, und halten ansonsten still, bis es vorbei ist. Die Jugendlichen sind, wenn das Thema in der 8. Klasse wieder aufgegriffen wird, manchmal schon besser informiert als die Lehrer. Der Elternabend ist also die einzige Gelegenheit, das Thema wirklich intensiv zu besprechen. Wenn auch nicht mit Ihrem Kind.

Es kann sein, dass Sie den ganzen Abend über ein unbehagliches Gefühl nicht loswerden, als stünden Sie auf zwei auseinanderdriftenden Eisschollen. Einerseits möchten Sie auf einem hoch abstrakten wissenschaftlichen Niveau über die Sache reden, um nicht den Eindruck zu erwecken, dass es Sie irgendwie ... na ja, emotional berühre. Andererseits kommt es Ihnen so vor, als sei »das Ganze« eine Sache, die erst im praktischen Vollzug in ihrer Fülle verstanden werden kann, und das weder auf einem Elternabend noch in einer Unterrichtsstunde.

Trösten Sie sich, dem Lehrer geht es genauso. Er distanziert sich von diesem Dilemma durch die Verwendung von Fremdworten. Damit macht er vor allem bei den Grundschülern Eindruck. Und er nimmt die Gelegenheit wahr und leitet in sicherere Gewässer wie Gleichberechtigung von Mann und Frau über. Wenn Ihre achtjährige Tochter nach der Unterrichtseinheit Sexualkunde zum ersten Mal ihre Schwester beschimpft mit den Worten »Ey, du gehst mir voll auf die Vagina!«, wissen Sie, dass der Unterricht Früchte trägt.

Das hätte so gut zu dem alten Konzept von den Bienen und den Blumen gepasst, aber die spielen heute nicht einmal auf dem Elternabend mehr eine Rolle.

56.

WIE SIE EINEN ELTERNABEND ÜBERSTEHEN, BEI DEM ES UM SUCHT UND RAUSCHMITTEL GEHT

Am besten Sie trinken vorher einen ... Kaffee.

Oh, das ist auch ein Rauschmittel. Eine halbe Stunde nach Ihrem Latte macchiato Karamell mit Sahne grande halten Sie einen Zettel in der Hand, den Sie in einem Stuhlkreis dorthin platzieren sollen, wo er Ihrer Meinung nach das Suchtpotenzial einer Substanz beschreibt. Auf dem Zettel steht »Kaffee«. Auf dem Boden liegen drei Pappscheiben, eine grüne, eine gelbe und eine rote. Grün heißt »kein Suchtpotenzial, erlaubt«. Gelb ist »etwas Suchtpotenzial, in Maßen erlaubt«, Rot bedeutet »Macht süchtig! Verboten!«. Ihre Nachbarin legt gerade einen Zettel mit dem Wort »Apfelsaft« auf die grüne Scheibe.

Elternabende zum Thema Sucht sind anders als andere Elternabende. Sie gehen ans Eingemachte. Rollenspiele, Schreibgespräche, Diavorträge, von den Kindern vorgeführte Mini-Theaterstücke zum Thema Alkoholmissbrauch – der Fantasie sind kaum Grenzen gesetzt. Alle sind ungeheuer ernst und engagiert. Die Kinder haben gerade erst einen ganzen Projekttag nur zu diesem Thema gehabt und zum Schluss in einem feierlichen Ritual mit einem Becher Erdbeermilch geschworen, dass nie ein Tropfen Alkohol über ihre Lippen und nie eine Zigarette zwischen ihre Finger kommen wird. Sie meinen das todernst.

Ihre Kinder sind zum Zeitpunkt dieses Elternabends wahrscheinlich ungefähr in der 7. Klasse. Die Schulen veranstalten ihn rechtzeitig, bevor es ernst wird. In vielen Klassen findet sich zu diesem Zeitpunkt bereits der eine Schüler oder die andere Schülerin, die schon mal an einem Bier genippt und an einer Marlboro gezogen haben, aber die Mehrheit der Schüler wird auch dank des Projekttages und des Elternabends über die negativen Folgen von Rauschmitteln bestens Bescheid wissen, ehe diese praktisch in ihrem Leben eine Rolle spielen.

Die Theorie dieses Elternabends ist klar: verankert alle erreichbaren Informationen über diese negativen Folgen auf alle erdenklichen Weisen und mit allen vorstellbaren Mitteln tief in den Köpfen und Herzen der Kinder. Damit sie nie, nie, niemals zu diesem Teufelszeug greifen.

Drei Jahre später stehen sie trotzdem in der großen Pause rauchend in der Parkplatzecke, die vom Lehrerzimmer aus nicht einsehbar ist, und versuchen, den großen Bruder einer Mitschülerin zu bestechen, dass er ihnen Bier kauft. Nicht alle natürlich, aber etliche.

Der Elternabend zum Thema Sucht ist einer der spannendsten, die Sie erleben werden. Die Schulen lassen sich die Suchtprävention etwas kosten. Aus den Projekttagen werden Projektwochen. Spezialisten werden zu Vorträgen eingeflogen. Kinobesuche sind auch möglich. Prävention soll Spaß machen.

Leider machen Rauschmittel auch Spaß.

Aber sagen Sie das nicht auf dem Elternabend. Die Blicke Ihrer Mit-Eltern und der Lehrkraft, ganz zu schweigen von den entsetzten Siebtklässlern, werden Sie bis in den Schlaf verfolgen. Spielen Sie mit, legen Sie Zettel, versenken Sie den Samen des »Abstinenz-macht-Spaß«-Pflänzchens so tief wie möglich im Kopf Ihres Kindes, damit es ihn eines Tages wieder hervorholen und sich daran erinnern wird, dass es doch gewusst hat, welche unangenehmen Folgen das gemeinschaftliche Leeren einer Flasche Wodka haben kann. Auch ein tief vergrabener Samen kann Wurzeln schlagen und wachsen und Frucht tragen siebenfach. Am Morgen danach.

57.

WIE SIE EINEN ELTERNABEND
MIT EXTERNEN SACHVERSTÄNDIGEN ÜBERSTEHEN

Manchmal geben die Veranstalter von Elternabenden – also in den meisten Fällen Lehrer – zu, dass sie von einer Sache nicht so viel verstehen wie jemand anders. Das kommt nicht oft vor, aber es kommt vor, und dann erleben Sie einen Elternabend mit einem externen Sachverständigen.

Der externe Sachverständige kommt zu spät, weil sein Zug Verspätung hatte. Mit dem Zug kommt er, weil ihm die Fahrkarte bezahlt wurde und er seinen Vortrag im ICE schrei… äh, noch mal durchgehen konnte. Wenn er da ist, muss noch sein Laptop an den Beamer angeschlossen werden. Dann ist das VGA-Kabel nicht lang genug, und dann stürzt MS Office ab. Den externen Sachverständigen bringt das alles nicht aus der Ruhe. Er bekommt seine Anwesenheit bezahlt.

Sie als Teilnehmer bringt es aus der Ruhe, denn Sie werden nicht dafür bezahlt, ihm beim Aufbau seines Laptops zuzuschauen. Wenn Sie Glück haben und MS Office bei ihm öfter abstürzt, hat er vorher eine Handvoll Broschüren über sein Thema ins Publikum geworfen. Die können Sie sich in der Zwischenzeit anschauen.

Externe Sachverständige werden besonders gerne für Themen geholt, für die sich Lehrer eigentlich gar nicht zuständig fühlen. Sicherheit im Internet ist ein Klassiker. Einerseits sollte es Aufgabe der Eltern sein, ihren Kindern das richtige Verhalten auf der Datenautobahn genauso beizubringen wie das richtige Verhalten auf der Straße, andererseits verbringen die Lehrer quantitativ viel mehr Zeit mit den Kindern als die Eltern. So sind Aufgaben, die über die reine Wissensvermittlung hinausgehen, in den letzten drei Jahrzehnten stillschweigend Aufgabe der Schule geworden. Wie man mit Messer und Gabel isst, worauf bei der Begegnung mit dem anderen Geschlecht zu achten ist und eben auch, wie man sich im Internet bewegt, lernen die Kinder in der Schule.

Damit die Eltern es auch lernen, gibt es den Elternabend mit dem externen Sachverständigen.

Wenn der Laptop endlich läuft, sehen Sie als Erstes ein nettes Filmchen. Wahrscheinlich geht es um Klaus, der zu Hause ist oder auch nicht, und die kleine Anna und ihren Hasen. Klaus und Anna sind Bedrohungen aus dem Internet ausgesetzt und brauchen Schutz. Weil Eltern als Angehörige längst vergangener Kulturen nicht wissen, was ihre Kinder im Internet für Bedrohungen ausgesetzt sind, stellt das nette Filmchen diese Bedrohungen im RL dar. RL, erläutert der externe Sachverständige auf Nachfrage, bedeutet »real life« und ist die im Internet gängige Bezeichnung für alles, was sich außerhalb des Internets abspielt.

Nachdem Ihnen die irrealen Bedrohungen Ihrer Kinder solcherart real vorgeführt worden sind, fängt der externe Sachverständige an, Ihnen etwas über Ihre Kinder zu erzählen. Natürlich kennt er Ihre Kinder gar nicht, er ist ja erst vor einer halben Stunde hier eingetroffen. Möglicherweise war er auch schon am Vormittag da und hat den Film über Klaus und Anna den Schülern vorgeführt. Er hat weder die Kinder gefragt, wie sie mit dem Internet umgehen, noch fragt er Sie jetzt danach. Als externer Sachverständiger versteht er sowieso mehr von der Sache als Sie.

Elternabende mit externen Sachverständigen sind ein bisschen wie Arztbesuche. Der Doktor könnte Sie fragen, was Ihnen wehtut, aber er schaut lieber in einer Tabelle nach, was ein Mensch in Ihrem Alter haben kann, und empfiehlt Ihnen dann, mit dem Rauchen aufzuhören, unabhängig davon, ob Sie überhaupt rauchen.

So besteht die Gefahr, dass Sie auf dem Elternabend mit dem externen Sachverständigen erfahren, dass Ihr Kind keine Bilder von sich hochladen soll, die zwischen dem Verlassen der Badewanne und dem Anlegen des Schlafanzugs entstanden sind (das wussten Sie schon), aber nicht, wie Sie damit umgehen sollen, dass Ihr Sohn gezielt nach Videos auf YouTube sucht, in denen Katzen gequält werden. Für so etwas müssen Sie den Elternabend mit dem externen Sachverständigen zum Thema »Mobbing und Gewalt« abwarten, der dann sagt, er sei für Katzen nicht zuständig, aber da gebe es Selbsthilfegruppen. Im Internet. Womit Sie wieder beim Elternabend mit externem Sachverständigen zum Thema »Sicherheit im Internet« wären. Klaus war bestimmt auch bei so einer Selbsthilfegruppe.

Elternabende mit externen Sachverständigen stehen vor einem Dilemma. Sie sollen unabhängig von praktischen Situationen sehr viel theoretisches Wissen in relativ kurzer Zeit vermitteln. Nachdem dieses Wissen im Gießkannenprinzip über die Teilnehmer ausgegossen wurde, fordert der Lehrer, der sonst den ganzen Abend außer Begrüßung und Danksagung nichts zu tun hat, das Publikum zu Fragen auf. Das ist Ihre Gelegenheit, die Praxis zu ihrem Recht kommen zu lassen. Wie ist das mit den Katzenvideos? Wie viele WhatsApp-Kontakte sind normal? Was ist überhaupt WhatsApp? Und für die, die das schon wissen, was ist SnapChat? Die 16-jährige Tochter hat im Internet etwas bestellt und dabei angeklickt, dass sie volljährig sei. Kommt jetzt die Polizei ins Haus? Der 14-jährige Sohn hat Musik heruntergeladen, ist das legal? Der externe Sachverständige fängt an, auf die Uhr zu schauen. Sein Zug geht in 20 Minuten.

Nach etlichen Elternabenden mit externen Sachverständigen wünsche ich mir, sie würden ihr enormes Wissen erst einmal für sich behalten und versuchen herauszufinden, welche Fragen die Eltern tatsächlich HABEN, anstatt anderthalb Stunden damit zu verbringen, die Fragen zu beantworten, die wir ihrer Meinung nach haben SOLLTEN.

Einen großen Vorteil haben Elternabende mit externen Sachverständigen aber fast immer: Sie sind unterhaltsam. In Zeiten des Infotainments, in denen eine Nachricht immer nur so wichtig ist wie ihre Verpackung gut, geben sich auch die Sachverständigen Mühe, ihre Informationen so anzubringen, dass es Spaß macht, ihnen zuzuhören. Davon können auch die anwesenden

Lehrer mitunter noch etwas lernen, und das Filmchen mit Klaus und Anna ist gar nicht schlecht gemacht.

58.

WIE SIE EINEN ELTERNABEND ÜBERSTEHEN, BEI DEM DIE KINDER MITGEBRACHT WERDEN SOLLEN

Sie erinnern sich noch an die Elternabende im Krabbelkreis? Als Sie ihr Kind dabeihatten, weil Sie keinen Babysitter fanden oder sich nicht vorstellen konnten, ihr kostbares Erstgeborenes zwei Stunden lang aus den Augen zu lassen? Als Sie mit Fläschchen, Keksen und Spucktüchern hantierten und nebenbei versuchten, mitzukriegen, wovon die Rede war? Die Zeiten sind vorbei! Die Kekse können zu Hause bleiben, aber es gibt immer noch Elternabende, bei denen Sie in Begleitung Ihrer Kinder erscheinen dürfen (oder müssen). Den Kindern gibt das Gelegenheit, unauffällig zu kontrollieren, ob das, was sie von ihren Klassenkameraden über deren Eltern erfahren haben, stimmen kann. Für Ihre Söhne und Töchter sind Elternabende in Begleitung der Eltern anstrengend. Schon im Vorfeld des Abends müssen sie darauf achten, dass Mama oder Papa sich ordentlich anziehen und sich ordentlich benehmen. Nichts ist peinlicher als ein Vater, der im Beisein der Klassenkameraden die Aufmerksamkeit des Klassenlehrers auf sich zieht.

Klassenfahrten oder bevorstehende Auslandsaufenthalte sind ebenso beliebte Gelegenheiten, zum »Familien-Elternabend« einzuladen, wie Konflikte in der Klasse oder äußere Bedrohungen (siehe dort). Als Eltern müssen Sie sich darüber im Klaren sein, dass alles, was Sie tun oder lassen, sagen oder verschweigen, auf Ihr Kind zurückfallen wird. Also, benehmen Sie sich!

Vermeiden Sie es, sich bei Schilderungen besorgniserregender Vorkommnisse durch den Klassenlehrer immer wieder zu Ihrem Kind umzudrehen und zu zischen: »Warst du dabei?« Elternabende sind keine Stunden der Wahrheit, dafür ist daheim noch Zeit.

Öffnen Sie keine Nebenkriegsschauplätze! Ihr Sohn mag gute Gründe gehabt haben, den Fahrradsattel seines Mitschülers mit Klebstoff zu versehen, wenn es auf einem gemeinsamen Elternabend zur Sprache kommt, geht es niemals nur um Ihren Sohn. Dafür hätte ein Gespräch unter vier bis acht Augen gereicht. Es geht darum, dass es immer derselbe Schüler ist, dessen Sattel mit Klebstoff beschmiert wird. Ihr Sohn ist nur einer von vielen und zieht das im Moment auch vor. Ersparen Sie den anderen Eltern Ihre Sicht der Dinge auf den Mitschüler im Besonderen und Fahrradsättel im Allgemeinen, Sie waren schließlich nicht dabei.

Hilfreich für solche Elternabende ist ein vorbereitetes Kartensystem. Nehmen Sie eine Gelbe und eine Rote Karte. Sie können sie aus Fotokarton herstellen oder aber auch im Sportgeschäft kaufen (dann sind es »echte« Gelbe und Rote Karten). Schreiben Sie mit schwarzem Permanentmarker darauf »Darüber reden wir zu Hause weiter«, und wann immer im Laufe des Elternabends Sie das Gefühl haben, ins Persönliche gehen zu müssen, schieben Sie Ihrem Kind oder gegebenenfalls Ihrem Ehepartner eine dieser Karten zu. Ist es eine nur minderwichtige Angelegenheit, die Gelbe, andernfalls die Rote Karte. Dieses Vorgehen erspart Ihnen häufiges Zischeln und Flüstern und den anderen Teilnehmern die Anstrengung, ihre Aufmerksamkeit zwischen Ihrem Flüstern und dem Vortrag des Lehrers aufteilen zu müssen.

Natürlich gibt es auch erfreuliche Anlässe, um zu einem Elternabend in Begleitung der Kinder einzuladen. Besonders häufig geschieht das in Sportvereinen. Dort werden sie manchmal sogar zur Regel, wenn der Elternabend im Anschluss an das Training stattfindet. Eltern, die ihre Kinder abholen, bleiben dann einfach gleich da, man zwängt sich in die Umkleidekabine oder (besser!) in die Vereinsgaststätte, und die Eltern widmen sich dem Thema, während die Kinder am Tischfußball oder Flipperautomaten sitzen. Diese stellen dann sozusagen die Weiterentwicklung der Kekse aus Krabbelkreistagen dar.

KAPITEL V

DIE (MÖGLICHEN) FOLGEN EINES ELTERNABENDS

NICHT ALLE FOLGEN SIND SCHLECHTER ALS IHR RUF.

Die Folgen eines Elternabends zeigen sich manchmal schon am nächsten Tag, manchmal erst auf
dem Kontoauszug am nächsten Monatsersten, und
manchmal kommen sie, um zu bleiben. In den folgenden Abschnitten sollen einige solcher möglichen
Folgen aufgezählt werden. Nicht alle sind schlechter
als ihr Ruf.

59.

WIE SIE ES VERMEIDEN, DASS EIN ELTERNABEND FOLGEN HAT

Das ist natürlich die optimale Situation: Sie vermeiden es, dass
ein Elternabend überhaupt Folgen hat. Erste, einfachste und ra-
dikalste Methode – Sie gehen nicht hin.

Damit ist die Möglichkeit, dass ein Elternabend Folgen hat,
leider nicht völlig ausgeschlossen. Sie können in Abwesenheit
für ein Amt vorgeschlagen oder in eine Liste eingetragen werden. Ein Nachbar, den Sie bisher für eine Art Freund hielten,
kann behaupten, Sie würden ihn selbstverständlich bei der Be-
treuung der U6-Schwimmmannschaft am Sonntagmorgen um
halb acht unterstützen, und darüber hinaus kann alles Mögliche
über Sie gesagt werden. Es ist also besser, hinzugehen.

Zweite, ebenso einfache und immer noch hinreichend radikale Methode – Sie vergessen alles, was in diesem Buch steht, und
zuvörderst Papier und Kugelschreiber. Damit sind Sie außerstan-
de, sich irgendwelche Termine zu notieren (oder zu überwei-
sende Summen). Der Nachteil dieser Methode ist offensichtlich
– jemand wird Ihnen einen Kugelschreiber leihen (wahrschein-

168

lich jemand, der dieses Buch gelesen hat). Sie werden damit also vermutlich nicht durchkommen.

Eine dritte, etwas weniger einfache und ganz und gar nicht radikale Methode möchte ich die Igel-Methode nennen. Dabei setzen Sie sich möglichst weit nach hinten, am besten noch hinter ein vorspringendes Regal oder ein Musikinstrument (Schlagzeuge sind ideal), schreiben alle Informationen mit und bewegen sich sonst so wenig wie möglich. Mit etwas Glück wird man Sie übersehen. Mit etwas Pech wird man Sie nach dem Elternabend einschließen, weil man Sie übersehen hat. Achten Sie darauf, die Anwesenheitsliste gleich beim Reinkommen abzuzeichnen, sonst bekommen Sie mehr Informationen nach Hause geschickt, als Sie eigentlich wollten.

Als Faustregel können Sie sich merken: niemals für irgendetwas freiwillig melden, möglichst vermeiden, dass der eigene Name genannt wird (geschweige denn ihn selbst nennen), sich bei Abstimmungen enthalten.

Kleiner Tipp am Rande für die nachhaltige Folgenlosigkeit: Setzen Sie sich nie zweimal hintereinander auf denselben Platz oder neben dieselben Leute, und ziehen Sie nicht immer die gleiche Jacke an. Noch besser ist, Sie gehen abwechselnd mit Ihrem Partner. Vor allem auf Elternabenden der Oberstufen oder bei Vereinen, die nur selten stattfinden, wird man Sie nicht wiedererkennen und daher auch kein überdurchschnittliches Engagement von Ihnen erwarten.

Weil Sie ja zum ersten Mal da sind.

WIE SIE EIN GEMÜTLICHES BEISAMMENSEIN
IM ADVENT ÜBERSTEHEN

In den alten Zeiten, als die Winter noch kalt und schneereich waren, begab es sich zu der Zeit, da Mütter Plätzchen buken, in Bratröhren Kipfel-Kapfel-Bratäpfel brutzelten und Sternlein auf den Tannenwipfel glitzerten, dass – vermutlich – zu Sachsen der Glühwein erfunden wurde. Er und nur er ist es, der das auf Elternabenden im August beschlossene gemütliche Beisammensein im Advent erträglich macht. Leider darf auf Veranstaltungen mit Minderjährigen keiner ausgeschenkt werden.

Und diese Veranstaltungen sind voller Minderjähriger. Ob Kindergarten, Grundschule, Turnverein, Knabenchor oder Orff-Gruppe – gemütliche »Beisammensein« im Advent sind so lange unvermeidlich, bis Ihre Kinder ein Alter erreicht haben, in dem sie sich schlicht weigern, den Klassensaal zu schmücken. Vielleicht wird die eine oder andere Einzelkindmutter noch mit wehmütigem Blick versuchen, ein gemütliches Beisammensein außerhalb der Schule zu veranstalten, zu dem dann aber keiner zu kommen braucht, weswegen keiner kommen wird. Sie haben wahrhaftig anderes zu tun im Advent.

Doch bis dahin werden Sie tonnenweise Plätzchen gebacken, Hunderte von Mini-Weihnachtssternen auf Tischen verteilt und mehrere Quadratkilometer roter Servietten über Tintenflecken gebreitet haben. Sie werden eine hohe zweistellige Summe für das Kopieren von Liedzetteln ausgegeben und unzählige Lichterketten weggeschmissen haben, weil keine Ersatzbirnchen mehr zu finden waren. Sie werden Thermoskannen voller Kakao, Weihnachtspunsch und Kaffee mit einem Hauch Zimt über von

Schneematsch und Streusalz rutschige Schulhöfe balanciert und Hunderte von Geschenktüten an in Trainingsanzügen schwitzende Fußballspieler verteilt haben. Sie werden ungeschälte Erdnüsse, Lebkuchenpackungen von Metro und Mandarinen wieder eingesammelt haben, weil sie aus den genannten Tüten aussortiert und zurückgelassen wurden, und Krippenspielen gelauscht haben, die so originell und innovativ waren (ein weibliches Baby in der Krippe, Flüchtlingskinder statt Hirten, ein Engel mit iPod), dass sich Ihnen die Zehennägel aufrollen. Sie werden Ihre Kenntnisse des weihnachtlichen Liedguts erweitert haben (*In der Weihnachtsbäckerei*, *Laaaaast Christmas*) und *Stille Nacht* auf jedem Instrument vom Akkordeon bis zur Zelda Ocarina gehört haben. Sie werden Wachs aus umgekippten Teelichtern von Schultischen gekratzt haben und versucht haben, die roten Flecken, die durchweichte rote Papierservietten hinterlassen, aus hellen Sweatshirts zu kriegen. Sie werden sich geschworen haben, nie, nie wieder auf dem Elternabend im August der Planung eines gemütlichen Beisammenseins im Advent zuzustimmen. Bis es dann so weit ist und in die Runde gefragt wird, wer Plätzchen mitbringt. Dann werden Sie die Hand heben wie jedes Jahr. So lange, bis Ihre Kinder Ihnen mitteilen, dass ab der 9. Klasse kein Besuch im Weihnachtsmärchen und kein gemütliches Beisammensein mit den Eltern im Advent mehr vorgesehen sind. Und dann werden Sie heimlich eine Träne verdrücken und beim Abholen nach dem Wandertag vorschlagen, man könnte sich ja auch so treffen, auf dem Weihnachtsmarkt vielleicht. Erst im übernächsten Jahr werden Sie sich fragen, wie um Himmels willen Sie früher im Advent noch Zeit für das gemütliche Beisammensein gefunden haben. Ach, ja …

WIE SIE EIN GRILLFEST
MIT DEM ELTERNKREIS ÜBERSTEHEN

Über Grillfesten schwebt ein Damoklesschwert, und das dient nicht zum Schlachten grillgeeigneten Feder- und sonstigen Viehs. Grillfeste stehen heutzutage vor ganz neuen Herausforderungen. Barbecue goes vegan, könnte der Slogan heißen.

Eigentlich ist ein Grillfest etwas Urtümliches. Es führt uns zurück in längst vergangene Epochen der Evolution und fördert erstaunliche Atavismen zutage, verborgene Instinkte, die auch im Homo iPhoniensis schlummern. Das lodernde Feuer, das es zu zähmen gilt, das brutzelnde Fleisch, der Rauch und die Asche … wie einst in den Höhlen auf der Schwäbischen Alb drängt sich die Sippe um das Feuer. Die Männchen ver- und zerteilen die Beute, die Weibchen breiten die gesammelten Vorräte an Beeren, aka Kuchen und Salate, aus und die Jungen kugeln zwischen ihnen herum und werden vom Feuer weggescheucht. Etwas zutiefst Beruhigendes geht von einem solchen Bild aus, es verbindet uns mit unseren Wurzeln.

Wurzeln sind allerdings nicht länger in erster Linie verborgen und zum Verbinden von Gegenwart und Zukunft, Stamm und Krone da. Sie werden ausgegraben und gegessen. Wenn heute auf dem Elternabend im April das gemeinsame Grillfest im Juli geplant wird, zeigt sich überdeutlich, wie weit wir uns von unseren höhlenlebenden Vorfahren entfernt haben.

Da sind als Erstes die unterschiedlichen Vorstellungen von artgerechter Ernährung. Einfach beim lokalen Metzger 200 Würstchen bestellen geht nicht mehr. Das Grillgut muss heute wahlweise glutenfrei, sojafrei, histaminarm, schweinefleischfrei, aus ökologischer Schlachtung, halal oder gleich vegan sein. Doppelnennungen sind möglich.

Um einem häufig geäußerten Vorurteil zu begegnen – es ist nicht so, als ob es früher keine Nahrungsmittelunverträglichkeiten gegeben hätte. Es gab sie, nur wusste es keiner. Auch vor 50 Jahren hatten Erwachsene Zöliakie, fehlte Menschen das zum Abbau von Histamin benötigte Enzym Diaminoxidase oder entwickelten Kinder eine Nussallergie. Der Unterschied zu heute liegt allein darin, dass die Menschen früher dazu verurteilt waren, unter ihrer nicht erkannten Nahrungsmittelunverträglichkeit zu leiden. Sie bekamen das Etikett »empfindliche Verdauung« aufgedrückt und fertig. Heute sind sie dazu verurteilt, unter dem Unverständnis ihrer Mitmenschen zu leiden, weil sie das Etikett »eingebildete Nahrungsmittelunverträglichkeit« aufgedrückt bekommen, aber wenigstens können sie die Bauchschmerzen oder Panikattacken reduzieren. Also, her mit den Unverträglichkeitslisten!

Die meisten Elternkreise sind zur einfachsten Lösung übergegangen: Jeder bringt selber mit, was er gegrillt haben will. Kuchen und Salate werden für alle bereitgestellt, und wer seinen Kuchen oder Salat gluten-, lactose- oder nussfrei haben will, bringt ihn ebenfalls selbst mit.

Darunter leidet das Gemeinschaftsgefühl. Das ist zwar nicht schön, aber das ist leider so. Wenn Sie schon lange im Elternabendgeschäft sind, werden Sie sich erinnern, wie es früher war, vor allem, wenn Sie ein Vater sind. Die Feuerwache an der schwelenden Glut des Schwenkgrills, die letzten zu leerenden Bierflaschen. Man hatte zusammen gegrillt, zusammen gesessen, gegessen, getrunken und geraucht. Dahin, alles dahin mit den zunehmenden Erkenntnissen darüber, dass beinahe alle diese Tätigkeiten zutiefst ungesund sind. Heute sitzt jede Familie an einem Extratisch vor den Sachen, die sie extra für die Bedürfnisse der eigenen Mitglieder angefertigt und mitgebracht hat. Jeder grillt für sich allein. Es ist nicht mehr so, wie es einst war. Die Grillfeste des Elternkreises haben ihren Schrecken und ihren Zauber verloren. Sie haben sie gefürchtet – schon weil Sie nie genau wussten, wo der Eingang zum IBM-Gelände, wo das Grillen der 10a stattfinden soll, nun eigentlich ist – und geliebt, weil zum Schluss immer zu viele Steaks da waren, da die Kinder lieber Würstchen aßen, und nichts besser schmeckt als ein verkohltes Steak im Sonnenuntergang. Heute heben Sie mit wehmütigem Lächeln mit der Grillzange einen ovalen Lappen an und fragen: »Wer möchte noch ein Tofuschnitzel?«

62.

WIE SIE EINEN BASAR DES ELTERNKREISES ÜBERSTEHEN

Der Elternkreis braucht einen Basar immer dann, wenn er Geld braucht. Im Gegensatz zur Secondhand-Börse (siehe dort), die meist einem objektiven Bedürfnis nach bestimmten Dingen (meistens Kleidung) entspringt und daher nur mit diesen handelt, darf auf einem Basar alles verkauft werden, was nicht niet- und nagelfest ist. Früher sagte man Flohmarkt dazu.

Unter den Gelegenheiten, überflüssiges Zeug loszuwerden, rangiert der Basar des Elternkreises deutlich oberhalb der Vereinbarung eines Sperrmülltermins bei der Stadt, aber unterhalb der Gewinnspende für eine Tombola. Letztere gewinnt ihren Vorsprung daraus, dass man sich gut und edel fühlen kann, einen Gewinn gespendet zu haben, auch wenn es sich nur um ein Set Keramikeulen handelt, das jemand aus der Familie mal als Mitbringsel für die Gastfamilie beim Schüleraustausch gekauft und dann im Keller vergessen hat.

Gewöhnlich wird der Basar beschlossen, wenn der Elternkreis eine größere Anschaffung plant – ein elektronisches Smartboard für die Schule – oder eine Unternehmung vorhat – Klassenfahrt nach Disneyland/Paris. Es ergeht dann ein Aufruf an alle Eltern, Keller, Speicher, unter-der-Treppe und Kinderzimmer nach verkaufsfähigem »Zeug« zu durchforsten. Dieser Auftrag wäre ja noch relativ einfach zu erledigen, aber um einen Basar zu überstehen, gilt es, mehrere Klippen zu umschiffen.

1. Das Zusammensuchen der Ware. Es kann buchstäblich alles sein. Abgelegte, aber gut erhaltene Kleider, die nicht zur nächsten Secondhand-Börse passen (siehe dort), altes Spielzeug (Kleinteile von Lego oder Playmobil in Gefriertüten packen), Sportgeräte, die teuer angeschafft und nur dreimal benutzt wurden, Musikinstrumente, für die dasselbe gilt, Kram, über dessen Bestimmung keine Einigkeit herrscht (Hochzeitsgeschenke, Basteleien, Urlaubssouvenire wie diese unsäglichen Lederkamele aus Tunesien oder Nordseemuscheln mit echtem Sand!), Modeschmuck, selbst gemachte Marmelade – schlicht alles.

2. Der Transport zum Basar. Hierfür haben sich Klappkisten bewährt. Sie nehmen beim Transport genauso viel Platz weg wie Kartons, man kann sie aber, wenn sie leer sind, zusammenklappen. Leer sind sie nur, während die Verkaufsware auf den Tapeziertischen in der Turnhalle aufgebaut ist. Hinterher sind sie wieder voll.

3. Die Übernahme von »Helfertätigkeiten«. Dafür lag eine Liste aus, und Sie wollten nicht den Eindruck erwecken, zum Gelingen der ehrgeizigen Pläne nichts beizutragen, deshalb haben Sie sich für eine Verkaufsschicht eingetragen, ermutigt – oder eingelullt – durch die Worte des Klassenlehrers »wenn alle mitmachen, muss jeder nur eine halbe Stunde mitmachen«. Das bezog sich aufs »Hinter-den-Tischen-stehen-und-Sachen-Verkaufen«. Daneben wurden noch Leute zum Kuchenverkauf, zum Abspülen und zum Geldzählen gesucht. Für Letzeres meldeten sich erstaunlich viele.

4. Das Aufräumen nach dem Basar. Auf Elternbriefen wird für den Auf- und Abbau in der Regel explizit nach Vätern gesucht, in der Annahme, dass eine Biergartengarnitur aufzubauen körperliche Kräfte erfordert. Das Schleppen einer mit Büchern für den Basar gefüllten Klappkiste vom Auto über den Parkplatz, am Sekretariat vorbei, zwei Treppen runter in die Turnhalle kann Müttern hingegen problemlos zugemutet werden. Auch körperlich weniger anstrengende, aber nervenzermürbende Tätigkeiten wie die Reinigung verklebter Waffeleisen wird gerne dem sogenannten schwachen Geschlecht überlassen.

Wenn Sie sich in einem Anfall von Idealismus für eine dieser Tätigkeiten zur Verfügung gestellt haben, bleibt Ihnen nichts anderes übrig, als Ihren Samstag zu opfern und sich hinter den Tapeziertisch oder das Waffeleisen zu stellen. Nehmen Sie es mit Humor. Basare finden viel seltener statt als Elternabende, wahrscheinlich werden Sie in der Schulzeit Ihrer Kinder nur zwei oder drei erleben, und sie können bei erfolgreichem Verlauf das berauschende Gefühl vermitteln, ein Start-up-Elternkreis zu sein. Lassen Sie sich auch etwas Zeit zwischen den Schichten am Kuchenstand, um selbst ein wenig über den Basar zu schlendern. Man kann dort für wenig Geld hübsche Dinge erstehen, die sich als Hochzeitsgeschenke oder Mitbringsel für Gastfamilien eignen. Zum Beispiel so ein entzückendes Lederkamel aus Tunesien.

63

WIE SIE EINE SECONDHAND-BÖRSE
DES ELTERNKREISES ÜBERSTEHEN

Secondhand-Börsen tragen ihren Namen vollständig zu Unrecht. Weder sind die dort verkauften Dinge, meistens Kleidung, notwendig erst/schon durch zwei Hände gegangen, noch handelt es sich um eine Börse. Von einer solchen kann nämlich laut Wikipedia nur die Rede sein, wenn es sich um einen Markt handelt, auf dem »nach bestimmten Regeln vertretbare Sachen« gehandelt werden, und »vertretbare Sachen«, seien Waren, »die gleichwertig beschaffen und gegeneinander austauschbar« sind. Auf einer Secondhand-Börse eines Elternkreises ist nichts gleichwertig beschaffen und gegeneinander austauschbar. Das ist ja gerade der Unterschied zu C&A. Dort hängen beispielsweise in der Zeit von März bis April an einer Stange zehn Kommunionkleider für Mädchen, die sich einzig durch die Größe unterscheiden (122–164). DAS nenne ich gleichwertig beschaffen und gegeneinander austauschbar, dennoch nennt niemand C&A eine Börse.

Auf der Secondhand-Börse der Pfarrgemeinde für Kommunionkleider finden sie kaum zweimal das gleiche Kleid. Sie haben die überfordernde Auswahl zwischen schlichten, kuttenähnlichen Gewändern, wie sie die Elben in *Der Herr der Ringe* tragen, wenn sie in Zeitlupe zwischen den Bäumen daher schweben, mit Schleifchen und Spitzen verzierten Mini-Brautkleidern und eng geschnittenen Cocktailkleidern in Perlmuttweiß für die frühreife Erstkommunikantin. Daneben steht der Tisch mit den Handtäschchen.

Die Aufgabenverteilung bei einer Secondhand-Börse ähnelt sehr der eines Basars, nur finden Secondhand-Börsen öfter statt, und der Idealismus der Teilnehmer hat sich schon etwas abgenutzt, sodass es schwieriger ist, Leute für das Waffeleisen zu finden (mit Abstand die klebrigste Aufgabe!). Secondhand-Börsen sind Saisonevents, sie finden im Frühjahr für Sommerkleidung, vor Ostern für Kommunionkleider, vor Pfingsten für Konfirmationsanzüge, im Herbst für Winterkleidung und dazwischen für einzelne Gruppen – Babys und Kleinkinder, Teenager, Spielsachen usw. – statt. Sie sind strikt themengebunden. Versuchen Sie nicht, auf die Herbst- und Winterkleidungs-Börse einen Stapel T-Shirts zu schmuggeln. Häufig ist die Organisation einer Secondhand-Börse in den Händen eines erfahrenen Komitees und die … versuchen Sie es einfach nicht.

Eines haben Secondhand-Börsen allerdings mit dem Wertpapierhandel gemeinsam: Sie bieten Gelegenheit zur Spekulation. Sie können die No-name-Jeans Ihres Sohnes verkaufen und bei der Gelegenheit günstig ein paar echte Jacko-o-Pullover für seinen kleinen Bruder ergattern. Dies nämlich, weil Sie als Anbieter eine Vorkaufsmöglichkeit haben. Da Sie Ihren Idealismus und Einsatz für die Gemeinschaft unter Beweis gestellt haben, indem Sie beim Sortieren geholfen haben (DIE Gelegenheit, schon mal nach Sachen zu suchen, die man haben möchte), dürfen Sie eine Stunde früher in den Verkaufsraum (die Turnhalle, mal wieder) als die draußen Schlange stehenden Nicht-Helfer und sich so die besten Stücke rauspicken. Helfen soll sich wieder lohnen.

Die oben erwähnten erfahrenen Komitees überlassen nichts dem Zufall. Jeder Verkäufer muss eine genaue Liste anfertigen, alle Kleidungsstücke müssen mit einem Preisschild versehen werden, auf dem in festgelegter Farbe und Reihenfolge Größe, Preis und Verkäufernummer stehen, und das Komitee behält einen bestimmten Prozentsatz des Erlöses für einen guten Zweck ein.

Die Anschaffung eines neuen Waffeleisens könnte ein solcher sein.

Secondhand-Börsen behalten Ihren Zauber für viele Jahre. Sie haben vielleicht auf der Baby- und Kleinkind-Börse begonnen, wo Sie gleich drei gut erhaltene Lammfelle (nur ganz wenig bespuckt!) für 15 Euro gefunden haben, und nur wenige Jahre später stehen Sie in Begleitung Ihres 15-jährigen Sohnes auf der PC- und Videospiel-Börse und freuen sich, dass die Spiele für die Playstation 2 so drastisch an Wert verloren haben, seit die PS4 auf dem Markt ist. Dann verspüren Sie etwas von demselben Glücksgefühl, das den Broker durchströmt, wenn er die Kurve einer Aktie, die er gerade erstanden hat, steil nach oben gehen sieht. Börsianer unter sich!

64.

WIE SIE IHR RECHT AUF ELTERNABENDFREIE ABENDE DURCHSETZEN

Wenn Sie mehrere Kinder haben oder ein Kind mit mehreren Aktivitäten (Schule, Sportverein, Musikunterricht, Jugend forscht, Debattierklub, Ernährungsberatung, Selbsterfahrungsgruppe, Psychotherapie …), kann es passieren, dass Sie in Stoßzeiten fast jeden Abend in der Woche auf irgendeinem Elternabend erwartet werden. Das stresst Sie auf die Dauer fast so sehr wie die dahinter verborgenen Aktivitäten Ihr Kind. Sie müssen also etwas dagegen unternehmen.

Hier wie so oft gibt es eine radikale und einfache Lösung – melden Sie Ihr Kind von der Hälfte dieser Aktivitäten ab. Mit der Mitgliedschaft Ihres Kindes erlischt Ihre Verpflichtung, an

Elternabenden teilzunehmen (es kann allerdings sein, dass Sie noch einige Monate oder auch Jahre Einladungen von Förder-vereinen mit anhängendem Überweisungsträger für eine Spende erhalten).

Wenn Sie Ihr Kind aus irgendeinem Grund nicht abmelden können oder wollen oder das Kind sich wehrt, müssen Sie Ihr Recht auf elternabendfreie Abende anders durchsetzen.

Wenn Sie schon über einige Jahre Erfahrung in Sachen Eltern-abende verfügen, wissen Sie ungefähr, wie viele dieser geselligen Veranstaltungen Ihnen pro Jahr bevorstehen. Planen Sie also im Vorhinein, wann Sie gedenken, krank zu sein. Zu Zeiten, in denen ohnehin jeder krank ist (oder auf dem Weg dorthin oder gerade in der Rekonvaleszenzphase), also November bis Februar, fällt Ihr Fehlen am wenigsten auf. Allerdings ist um diese Zeit auch die Gefahr am größten, dass Sie gar nichts gewinnen auf diese Weise, weil der Elternabend ohnehin wegen Krankheit des Veranstalters abgesagt und im Mai wiederholt wird. Nichts ist frustrierender, als wenn Sie, obwohl seit Jahren Nichtraucher, sich extra eine Gauloise angesteckt haben, damit Ihre Stimme kratzig klingt, um sich beim Klassenelternsprecher wegen Ihres grippa-len Infekts zu entschuldigen und dann hören müssen: »Ach, ich wollte Sie sowieso grade anrufen. Wir müssen den Elternabend verschieben, Frau Siebenmöller-Wohlgemuth hat die Grippe.«

Absagen bei Elternabenden sind ein Kapitel für sich. Wenn Sie Glück haben, gibt es einen Verantwortlichen, bei dem sich alle entschuldigen, die absagen wollen. Der arme Kerl hat hoffentlich ein schnurloses Telefon und nimmt es überallhin mit. Wirklich überall. Ja, Sie täuschen sich nicht, das IST eine Wasserspülung im Hintergrund.

Wenn Sie Pech haben – und das hat man im Leben leider öfter als angenehm –, gibt es eine Telefonkette. Sie müssen, wenn Sie etwas mitteilen wollen, eine bestimmte Person anrufen, die in einer Liste vor oder hinter Ihnen steht, und diese Person ruft dann wiederum eine Person an, die in der Liste vor oder hinter ihr steht, und so weiter. Das System funktioniert genau wie das alte Spiel »Stille Post« und ist auch genauso zuverlässig.

Nehmen wir an, der Elternabend wurde tatsächlich abgesagt. Sie wissen das, weil die Person auf der Liste vor Ihnen Sie angerufen und auch tatsächlich erreicht hat. Jetzt sollen Sie die Person hinter Ihrem Namen anrufen.

Die Person ist nicht da.

Der Anrufbeantworter informiert Sie mit einem launigen Spruch. »Guten Tag. Ihr Anruf war nicht umsonst ...«

Sie werfen in Gedanken einen Blick auf die monatliche Abrechnung Ihres Telefonanbieters. Nein, war er nicht.

»... nur bin ich leider im Moment nicht zu Hause. Eine Nachricht auf Band ist auch interessant. Tschü-üß.«

Sie werfen in Gedanken das Telefon an die Wand. Oder die Person, die nicht da ist. Was tun?

Sie könnten einfach den übernächsten Namen anrufen, aber damit unterbrechen Sie die Kette, und die Person, die nicht da ist, weiß immer noch nicht, dass der Elternabend abgesagt ist. Sie rufen also noch einmal dort an, hören sich an, dass Ihr Anruf nicht umsonst war, und hinterlassen die interessante Nachricht auf dem Band, dass der Elternabend abgesagt ist. So weit, so gut. Sie haben Ihre Pflicht getan.

Nur die Person, die nicht da ist, kann ihre Pflicht nicht tun, denn sie sollte ja den übernächsten Namen anrufen. Vielleicht wird sie es tun, wenn sie nach Hause kommt und Ihre interessante Nachricht auf Band abhört. Aber was, wenn sie erst morgen oder übermorgen wieder nach Hause kommt und den Anrufbeantworter abhört?

Wenn Sie an einer Unterversorgung mit Idealin leiden, werden Sie sagen »Ihr könnt mich alle mal!«, das Telefon wegstellen, eine Flasche Sekt öffnen und nachsehen, was heute Abend im Fernsehen läuft. Sollte Ihr Idealinspiegel aber leicht angehoben sein, werden Sie sich verpflichtet fühlen, die frohe Botschaft vom abgesagten Elternabend weiterzutragen, und den übernächsten Namen auf der Liste anrufen. Das Gespräch kann in etwa so ablaufen:

»Ach, gut dass ich Sie erwische, ich rufe an wegen dem Elternabend, also, der ist abgesagt.«

»Ah, ja, gut, aber Sie stehen doch gar nicht vor mir auf der Liste.«

»Das ist richtig, aber die Eltern von Karla-Ann, die ich anrufen sollte, sind nicht da, und deshalb habe ich Sie angerufen.«

»Ja, aber unsere Tochter heißt doch gar nicht Karla-Ann?«

»Das weiß ich, aber Sie stehen nach mir auf der Liste.«

»Nein, da stehen die Eltern von Karla-Ann.«

»Ich weiß, aber da Sie ja jetzt Bescheid wissen, können Sie vielleicht die Eltern von Alarich anrufen, und ihnen sagen, dass der Elternabend abgesagt wird?«

»Das geht nicht, ich muss warten, bis die Mutter von Karla-Ann mich anruft.«

»Bei Karla-Ann ist keiner zu Hause.«

»Woher wissen Sie das?«

»Ich habe dort angerufen.«

»Warum haben Sie denn dort angerufen?«

»Um zu sagen, dass der Elternabend ausfällt.«

»Aber deswegen haben Sie doch mich angerufen, und die Mutter von Karla-Ann sollte eigentlich mich anrufen. Wen muss ich denn jetzt anrufen?«

»Die Eltern von Alarich.«

»Die sind nicht da.«

»Woher wissen Sie das?«

»Ich habe dort angerufen. Um zu fragen, ob der Elternabend stattfindet.«

Geben Sie auf, geben Sie einfach auf.

Wenn Sie nicht krank sein wollen und Ihr Kind nicht abgemeldet werden will, gibt es noch eine weitere unfehlbare Methode, um Ihr Recht auf einen elternabendfreien Abend durchzusetzen. Rufen Sie die zuständige Person an und sagen Sie, Sie seien an dem Abend auf einem anderen Elternabend.

65.

WIE SIE DAMIT UMGEHEN, WENN SIE IN EIN AMT GEWÄHLT WORDEN SIND

Gehen wir einmal davon aus, Sie wollten gewählt werden. Das soll es geben. Menschen, die gewählt werden wollen, lassen mitunter ihr Bild auf fünf mal drei Meter hohe Plakate drucken mit einem einzigen aussagekräftigen Wort darunter. Beispielsweise »Zukunft« oder auch »Tradition«.

Um auf einem Elternabend in ein Amt gewählt zu werden, ist so viel Aufwand meist nicht nötig. Es genügt, dass Sie die Hand heben, wenn der verzweifelte Blick des Klassenlehrers zum dritten Mal durch den Raum schweift auf der Suche nach einem Freiwilligen. Vergessen Sie nicht »Na gut, wenn sonst keiner will, dann mach ich es eben« zu sagen, und zwar laut genug, dass alle es hören, aber leise genug, dass es so klingt, als sprächen Sie zu sich selbst.

Wenn die Verzweiflung nicht nur des Klassenlehrers, sondern auch der anderen Eltern, die alle nicht gewählt werden wollten, besonders groß war, erhalten Sie nach Ihrer Wahl vielleicht Applaus. Lächeln Sie und wirken Sie verlegen! Eventuell können Sie auch sagen: »Wartet doch erst mal ab, vielleicht verbocke ich es ja.« Diese erkennbare (aka zur Schau getragene) Bescheidenheit müsste als Garantie genügen, dass niemand jemals sagen wird, Sie hätten es verbockt.

Sie können natürlich – die Betonung liegt auf »können« – Visitenkarten drucken lassen mit dem Text *Juan Emilio Espinoza Carrageena, Klassenelternsprecher am Einstein-Gymnasium 2015–2017*. Diese können beim nächsten Tag der offenen Tür von Nutzen sein. Interviewanfragen der öffentlich-rechtlichen Fernsehsender sollten Sie eher nicht einplanen, und auch Ihr Gesuch nach einem personalisierten Parkplatz auf dem Schulhof wird mit großer Wahrscheinlichkeit abschlägig beschieden werden. Machen Sie sich nichts draus! Sie wissen, was Sie wert sind.

Wie Sie weiterhin mit Ihrem Amt und der damit verbundenen Popularität umgehen, liegt ganz bei Ihnen. Möchten Sie einen neuen Geist in die Schule tragen, die 10a zu neuen Ufern führen und ein Zeitalter der Innovation und Begeisterung einläuten, dann kaufen Sie zwei Flaschen Sekt. Eine für den Beginn Ihres Unternehmens direkt nach der Wahl und die zweite für seine Beerdigung vier Wochen später. Spätestens dann können Sie auch die Flugblätter zum Altpapier geben, aufhören, die Schulleiterin mit E-Mails zu belästigen und den Domainnamen anderweitig verwenden. Schulen sind wie dreiachsige Lastkraftwagen mit Anhänger, sie gehen eher langsam in die Kurve, und Veränderungen setzen sich nur ebenso langsam durch. Sie haben als gewählter Elternsprecher nur zwei Jahre Zeit.

Setzen Sie sich realistische Ziele. Zum Beispiel: Ich will erreichen, dass bis zum auf dem Brief vermerkten Datum zur

Rückgabe mehr als 50 Prozent der ausgeteilten Elternbriefe zurückgekommen sind. Oder: Ich will einen Elternstammtisch einrichten, der nicht nur aus mir und dem Lehrer besteht. Letzteres ist schon ziemlich ehrgeizig.

Sie können natürlich auch auf den praktischen Teil Ihres Amtes verzichten und es beim würdevollen Umgang mit dem Titel belassen. In dem Fall müssten Sie nur ein paar Formatvorlagen für Elternbriefe auf Ihrem PC einrichten, mittels derer Sie ein- bis zweimal im Jahr auf Ihre Existenz aufmerksam machen. In der übrigen Zeit können Sie bei Gesprächen mit anderen Eltern vor oder nach der Schule immer mal wieder Sätze einflechten wie »Als Elternsprecher habe ich da ja eine besondere Verantwortung« oder »Die Schule arbeitet sehr gut mit uns Elternsprechern zusammen«.

Genießen Sie Ihr Amt!

Ach, eins noch. Auch wenn Sie sich der besonderen Verantwortung bewusst sind, die mit dem Amt des Klassenelternsprechers einhergeht, es ist nicht notwendig und auch nicht üblich, nach den Worten »Herr Klassenlehrer, ich nehme die Wahl an« die religiöse Formel »so wahr mir Gott helfe« zu verwenden.

66.

WIE SIE DAMIT UMGEHEN, WENN SIE NICHT IN EIN AMT GEWÄHLT WORDEN SIND

Sie haben sich vielleicht besondere Mühe mit dem Outfit gegeben, extra die Namen Ihrer Mit-Eltern auswendig gelernt und jedem Einzelnen die Hand gegeben. Sie haben sich die Namen der Kinder gemerkt (auch der Geschwisterkinder, die noch gar nicht auf diese Schule gehen) und Ihre Rede bei der Vorstellung der Kandidaten für den Sitz im Schulelternbeirat zu Hause vor dem Spiegel geprobt und sind trotzdem nicht gewählt worden. Das schmerzt. Sie lassen sich natürlich nichts anmerken, gratulieren der Siegerin, versprechen ihr Ihre volle Unterstützung und warten, bis Sie im Auto sitzen, um Ihrer wahren Meinung Ausdruck zu geben. Dann schreien Sie den Fahrer vor Ihnen an, der bei Grün nicht sofort und augenblicklich losfährt.

Niederlagen auf Elternabenden sind schwerer zu verkraften als an vielen anderen Orten. Das liegt daran, dass so viele verschiedene Wettbewerbssituationen auf diesen Veranstaltungen im Hintergrund laufen.

Da ist einmal die Deutschland-sucht-die-Supermutter (resp. den Supervater)-Challenge. Sie KÖNNEN gar nicht ausgelastet sein mit ihrem Vollzeitjob, den drei Kindern, der pflegebedürftigen Schwiegermutter, dem Hund, den Meerschweinchen, dem Kirchenchor, der Jogging-Partnerschaft, dem Töpferkurs und dem Engagement bei den Freien Wählern. Außerdem ist für Sie die Übernahme gesellschaftlicher Verantwortung ein selbstverständlicher Teil Ihrer Identität als »Familien-Managerin« (ehemals »Hausfrau und Mutter«). Diesem Anspruch wollten Sie durch Ihre Kandidatur für den Schulelternbeirat gerecht werden, und nun sind Sie nicht gewählt worden! Niemand erinnert sich an den Zweitplatzierten.

Dann wäre da die Ich-habe-etwas-zu-sagen-Olympiade. Elterngremien sind eine hervorragende, ja, vielleicht einzigartige Möglichkeit, Ihre politischen, religiösen, ökologischen und diätetischen Ansichten vor einem größeren Publikum vorzutragen als am heimischen Esstisch. Die Goldmedaille ist die Möglichkeit, der Schulleitung Ihre Meinung vorzutragen, und sie ist entsprechend begehrt. Jetzt wird sie jemand anderem um den Hals gehängt. Niemand hängt sich Silbermedaillen um und beißt hinein.

Und natürlich dürfen wir auch den Langzeitwettbewerb nicht aus den Augen lassen. Den Jetzt-rede-ich-Wettkampf. Einst waren Sie Schüler an irgendeiner völlig anderen Schule. Niemand hat Sie ernst genommen, niemand hat zugehört, wenn Sie etwas zu sagen hatten, was nicht Antwort auf eine Frage eines Lehrers war. Als Mitglied des Schulelternbeirats, vielleicht sogar eines Tages des Landeselternbeirats – gibt es eigentlich einen Bundeselternbeirat? – hätten Sie endlich, endlich Frau Seckly-Ergerum, die Ihnen damals die Fünf in Musik gegeben hat, zeigen können, dass durchaus auch mal nach Ihrer Pfeife getanzt wird. Doch es hat nicht sollen sein. Jemand anders erhält die Gelegenheit, seine unaufgearbeiteten Schulneurosen erfolgreich zu therapieren.

Sie hätten es gekonnt, und jetzt werden Sie keine Gelegenheit erhalten, es zu beweisen.

Halten Sie sich nicht zu lange mit dem Schmerz des Nicht-Gewähltwerdens auf. Erstens wird auf Elternabenden alle zwei Jahre gewählt, und zweitens wird Ihnen schon bald auffallen, dass die Mienen der gewählten Schulelternbeiratsmitglieder im Laufe des Halbjahres immer länger werden. Vielleicht verrät Ihnen einer der »Goldmedaillengewinner« irgendwann bei einem Glas Wein auch warum. »Bei jeder Sitzung war ich eingeladen, und jedes einzelne Mal hat der Direktor erst beim Tagesordnungspunkt Verschiedenes gemerkt, dass ich auch wirklich da war.«

67

WIE SIE MIT DEM DATENSCHUTZ UMGEHEN

Datenschutz ist heutzutage das, was früher einmal, in grauer Vorzeit, so bis 1950 die Zehn Gebote waren. »Das verstößt gegen die Datenschutzrichtlinien« ist das Ende jeder Diskussion. Und es verstößt gegen die Datenschutzrichtlinien, die Namen aller anwesenden Eltern auf einem Elternabend nebst Adressen und Telefonnummern auf eine Liste zu schreiben und jedem Teilnehmer auszuhändigen. Für ältere Eltern (wie die Autorin), die sich an jene gesetzlosen Zeiten erinnern, in denen auf der Straße Telefonzellen standen, in denen Telefonbücher hingen, in denen Telefonnummern und Adressen standen, die JEDER lesen konnte, ist es manchmal schwierig, sich an das höhere Maß an Sicherheit und Privatsphäre zu gewöhnen, das heute als lebensnotwendig angesehen wird. Na ja, es gab Zeiten, da lebten die Menschen mit gemeinsamen Toiletten auf dem Flur. Die Zivilisation macht eben Fortschritte.

In den Anfangstagen meiner Elternabendkarriere war es tatsächlich ein Problem, diese Klassenlisten zu bekommen, dessen Lösung Monate dauerte. Erfahrene Klassenlehrer machten das auf die unelegante Weise. »Tauschen Sie einfach die Adressen untereinander aus.« Im Ernstfall fehlten immer einige Eltern und damit auch deren Adressen.

Mittlerweile ist es möglich, durch einfache Abstimmung unter den Anwesenden das Einverständnis für die Weitergabe der persönlichen Daten zu erreichen und festzuhalten. Sie brauchen diese Listen nämlich. Sollte Ihr Kind zu krank sein, um die Schule zu besuchen, müssen Sie einen Namen auf einer dieser Listen anrufen, und die Eltern, die Sie dort – hoffentlich – erreichen, müssen ihr Kind bitten, dass es Ihr Kind im Unterricht als krank meldet.

Dieses System hat viele Schwächen. Sie können Pech haben, und die Familie, die Sie anrufen, wohnt so weit von der Schule entfernt, dass sie schon aus dem Haus sind. Oder sie wohnen so nahe an der Schule, dass sie noch schlafen, wenn Sie anrufen. Oder Ihr Kind kann das betreffende Kind nicht ausstehen und umgekehrt. Oder das betreffende Kind ist auch krank. Es wäre einfacher, Sie könnten in der Schule anrufen und der Sekretärin mitteilen, dass Ihr Kind heute nicht kommt, aber dann müsste die dauernd Krankmeldungen entgegennehmen, und das wäre zu viel verlangt. Findet die Schulleitung.

Es ist überhaupt so manches zu viel verlangt von den Sekretärinnen. Wenn Sie zum Beispiel mit einem Lehrer sprechen wollen, können Sie nicht einfach in der Schule anrufen und ihn an den Apparat rufen lassen. Sie müssen Ihre Telefonnummer hinterlassen, damit er Sie zurückrufen kann. Seine Nummer darf die Sekretärin nicht herausgeben, das verstößt gegen den Datenschutz.

Alle Informationen über Lehrer, Schüler oder andere Eltern, die über die Tatsache von deren Existenz hinausgehen, verstoßen gegen den Datenschutz und dürfen von niemandem offiziell irgendjemandem mitgeteilt werden. Wenn Sie etwas über eine Person erfahren wollen, müssen Sie diese Person direkt fragen. Das ist sehr pädagogisch. Auf Elternabenden darf Ihnen nicht mitgeteilt werden, warum eine Lehrerin die nächsten neun Monate fehlen wird. Wenn Sie es wissen wollen, müssen Sie sie schon selber fragen, aber das können Sie nicht, weil Sie ihre Nummer nicht haben und sie auch nicht kriegen. Wegen Datenschutz.

Theoretisch zwingt uns also der Datenschutz zur direkten Kommunikation mit der Person, über die wir etwas erfahren wollen. Praktisch tut er das nicht, denn wir fragen einfach so lange herum, bis wir auf den Kollegen eines Schwagers treffen, der weiß, warum die Lehrerin fehlen wird. Es gibt immer einen Kollegen eines Schwagers.

Datenschutz auf Elternabenden ist so etwas Ähnliches wie die Eingeweihten von Eleusis. Privilegiertes Wissen, das nur einigen wenigen zur Verfügung steht. Und wir vom niederen Fußvolk stehen vor den verschlossenen Toren und spekulieren darüber, wie es dahinter aussieht.

68.

WIE SIE MIT DEM HINTERHER-NOCH-EINEN-TRINKEN-GEHEN UMGEHEN

Vor allem, wenn der Elternabend sehr emotional verlief oder aus einem konkreten Anlass außerplanmäßig zusammengerufen wurde, bietet sich das Ritual des »Noch-einen-trinken-Gehens« an, um das Thema zu vertiefen. Alkohol löst bekanntermaßen die Zungen, und in Verbindung mit Adrenalin tut er es doppelt so schnell. Sie können in der Kneipe nicht nur Dinge erfahren, die unter den Datenschutz fallen (siehe vorgehenden Abschnitt), auch die erfahrungsgemäß gut informierten Kollegen von Schwagern sind öfter in der Kneipe anzutreffen als auf dem Elternabend selber. Wenn es Ihre Zeit und Disposition zulassen, gehen Sie also mit.

Außerdem stellt das »Noch-einen-trinken-Gehen« eine gute Möglichkeit dar, die anderen Eltern in einer zwanglosen und konkurrenzarmen Situation besser kennenzulernen. In der Kneipe spielt es nur noch eine untergeordnete Rolle, ob der

Klassenlehrer die Tochter des Aufsichtsratsvorsitzenden in der Reihe hinter Ihrer Luisa-Margarete vorzieht oder nicht, und sollte Papa-Aufsichtsratsvorsitzender auch mitkommen, können Sie mit ihm vor die Tür gehen und Problem von Mann zu Mann klären. Sie können Details aus dem Familienleben der anderen Eltern erfahren, die sich a)zum Erzählen zu Hause eignen (»Wusstest du, dass die Mittenlechners dreimal im Jahr in Urlaub fahren?«), b) das Verhalten anderer Menschen verständlicher machen (»Die Schwester der Mutter von Asiye ist mit ihrer Familie noch in Syrien. Das Kind ist ganz krank vor Sorge.«) und c)wieder einmal deutlich machen, dass ALLE Familien Probleme haben und es den Deutschland-sucht-die-Super-Eltern-Wettbewerb, an dem Sie teilzunehmen glaubten, gar nicht gibt (»Die Tochter von Professor wie-war-doch-gleich-sein-Name, dieser Physikprofessor an der Uni, weißt du? Die nimmt Physiknachhilfe!«).

Sie können Ihre Mit-Eltern als Menschen kennenlernen, nicht als Mit-Eltern aka Konkurrenten. Dafür bedarf es allerdings meistens einiger Kneipengänge und einiger Schoppen Wein, damit Sie etwas lernen, was leider weder in der Schule noch auf einem Elternabend automatisch vermittelt wird: Vertrauen.

Ihre Kinder vertrauen den Lehrern nicht, seit diese sie mit unangekündigten Hausaufgabenüberprüfungen (im Schülermund Ha-Üh genannt) überfallen und die mündlichen Noten nach Kriterien ausrechnen, die in feuchten Verließen unter der Tiefgarage versteckt sind. Sie als Eltern vertrauen den Lehrern auch nicht, weil die immer nur »das große Ganze sehen« und nicht glauben wollen, dass Ihre Tochter gemobbt wird, nur weil sie seit einem halben Jahr jede Pause weinend auf dem Klo verbringt. Die Schule vertraut den Eltern nicht, weil die »immer nur an ihr eigenes Kind denken« und nicht das große Ganze sehen, und keiner der Beteiligten vertraut dem Kultusminister, weil der »sowieso nur wieder gewählt werden will«. An all diesen Dingen lässt sich nicht viel ändern, aber wenn Sie nach einem Elternabend mit offensiv ausgetragenen Meinungsverschiedenheiten hinterher in der Kneipe nach einem halben Liter Wein keine Hörner mehr auf dem Kopf des Klassenlehrers sehen, ist ein kleiner Schritt in Richtung Vertrauensbildung getan. Erinnern Sie sich daran, wenn die Wirkung des C_2H_6O nachgelassen hat und Sie das nächste Mal einen Elternbrief in der Hand halten, in dem die Anschaffung eines teuren Buches für den Unterricht verlangt wird (das Sie in älterer Auflage bereits zu Hause haben, aber diese ältere Auflage wird nicht akzeptiert!). Erinnern Sie sich daran, dass auch der Klassenlehrer, der Papa-Aufsichtsratsvorsitzende, die Helikoptermutter und der Vater, der sich selbst für den besseren Fußballtrainer hält, nur Menschen sind. Unsympathische Menschen, arrogante Schnösel, unerträgliche Zicken – aber Menschen. Wie Sie und ich.

69.

WIE SIE IHRE ELTERNABENDERLEBNISSE MIT IHREM THERAPEUTEN BEARBEITEN KÖNNEN

Ich liege auf der Couch und betrachte die Decke. Mein Therapeut hat so kleine Halogenlampen an der Decke angebracht. Das sieht sehr meditativ aus. Wie Sterne, die am Abendhimmel funkeln. Mein Therapeut hat auch eine sehr meditative Stimme. Manchmal schlafe ich während einer Sitzung ein.

»Ich glaube, der Klassenlehrer meines Sohnes hasst mich«, sage ich.

Mein Therapeut schreibt etwas auf seinen Block. »Wie kommen Sie darauf?«

»Gestern war Elternabend, wissen Sie? Er hat alle Eltern mit Handschlag begrüßt, nur mich nicht.«

Therapeut schreibt.

»Kann es ein Versehen gewesen sein?«

»Ja, natürlich. Ich war etwas spät dran, er wollte gerade mit der Eröffnung anfangen, und ich bin auch schnell an ihm vorbeigerannt, aber es schmerzt mich trotzdem irgendwie. Man erlebt sich dann nicht so als Teil der Gemeinschaft. Das geht mir oft so.«

Therapeut: »Haben Sie das als Kind oft so erlebt?«

»Ja, mein Vater hat mir auch nie die Hand gegeben.«

»Also kann es sein, dass Sie in dem Klassenlehrer Ihren Vater sehen? Immerhin sind beide Autoritätspersonen.«

»Mein Vater war eigentlich keine so Autoritätsperson. Er ist nach der Trennung von meiner Mutter in einen Ashram nach Indien gegangen und hat sich von da an immer zur Begrüßung verbeugt. Deshalb hat er mir auch nie die Hand gegeben.«

Therapeut reißt das Blatt vom Block, zerknüllt es und wirft es in den Papierkorb.

Sollten Sie in die Situation geraten, Elternabenderlebnisse mit einem Therapeuten zu besprechen … bitte, das ist nichts Schlimmes. Viele Leute gehen zum Therapeuten. Was meinen Sie denn, warum die eine Warteliste von sechs Monaten haben? Seriöse Prognosen sehen voraus, dass in weniger als zehn Jahren die eine Hälfte der Bevölkerung bei der anderen in Therapie sein wird. Lassen Sie Ihr Kind Psychologie studieren, und Ihre Unterbringung in einem 5-Sterne-Altersheim dürfte gesichert sein.

Sollten Sie also in eine Situation geraten, Elternabenderlebnisse mit einem Therapeuten zu besprechen, rechnen Sie

damit, dass er alles, was Sie erzählen, auf Ihre Kindheit und Ihre Schulzeit beziehen wird. Die Lehrer Ihrer Kinder sind Ihre Lehrer. Die Gymnastiklehrerin ist Ihre Mutter, und der Fußballtrainer ist Ihr Vater. Der Therapeut kann gar nicht anders. Elternabende sind anthropologische Konstanten, Erfahrungsräume, denen sich keiner von uns entziehen kann. Auf ihnen wird das Grundverhältnis von Abhängigkeiten in der Gesellschaft re-inszeniert und auf eine multipolare Ebene gehoben. Sie werden Projektionen ausgesetzt sein, die Sie unbewusst auf die handelnden Personen rückübertragen und dadurch aus dem Neokortex verdrängte prä-traumatische Inhalte freisetzen, die sich in Übersprungshandlungen wie hektischen Daumenbewegungen äußern. Der Therapeut wird Ihnen eine tiefenpsychologische Analyse empfehlen und zusätzlich einige Bioresonanz-Sitzungen, die zwar die Kasse nicht zahlt, die sich aber in derartigen Fällen sehr bewährt haben. Wenn Sie wollen, kann er Ihnen auch ein leichtes Medikament aufschreiben. Rein pflanzlich oder homöopathisch. Es ist zwar ein bisschen teuer, aber dafür enthält es die doppelte Wirkstoffdosis. Für den nächsten Elternabend empfiehlt er außerdem den Meditationskurs seiner Frau. Sie hat aus Tantra-Yoga, sibirischem Schamanismus und autogenem Training eine eigene Methode entwickelt, die besonders auf die elektromagnetischen Impulse durch Smartphones ausgerichtet ist, der wir alle im Übermaß ausgesetzt sind. Als Erste-Hilfe-Maßnahme empfiehlt er die Anschaffung eines Armbands aus Rosenquarz, der diese Schwingungen neutralisiert.

Also erzählen Sie ihm besser nichts von den hektischen Daumenbewegungen gestern Abend. Oder Sie sagen dazu, dass Sie nicht sicher waren, ob Sie das Licht am Auto ausgeschaltet hatten.

70

WIE SIE ELTERNABENDE VIRTUELL AUFARBEITEN

Damit ist natürlich gemeint, was Sie an die Netzgemeinde weitergeben. Haben Sie nicht auch schon festgestellt, dass die Menschen, die Sie am besten verstehen und mit denen Sie am liebsten einen trinken gehen würden, am anderen Ende der Welt leben? Gott und Mark Zuckerberg sei Dank, dass es Facebook gibt. Sie müssen nicht den ganzen Abend heimlich in sich hineinkichern und darauf warten, dass jemand fragt, warum Sie lachen, um diesen köstlichen Versprecher der Erzieherin im Kindergarten (»Wir haben so viele Spielmöglichkeiten, dass sich jedes Kind befriedigen kann«) weiterzuerzählen. Sie können ihn auf Facebook und Twitter mit Ihren Freunden teilen.

Lassen Sie es!

Natürlich wird es die Erzieherin mit großer Wahrscheinlichkeit nie erfahren, weil weder Sie noch einer der anderen Eltern auf Ihrer Freundesliste steht und Sie auf Twitter nur 84 Follower haben. Lassen Sie es trotzdem!

Ja, es ist zum Brüllen komisch, aber ein Elternabend sucht den Schutz der Dunkelheit (Abend!) und stellt eine quasi-familiäre Geborgenheit nach (Eltern!), und das, weil es um Kinder und Heranwachsende geht, die Schutz brauchen. Sonst würde er auf dem Marktplatz oder im Fernsehen stattfinden. Ihr Therapeut, mit dem Sie unlängst noch darüber geredet haben, hat nämlich gar nicht so unrecht, Sie fühlen sich tatsächlich manchmal selbst wieder als Schüler auf dem Elternabend. Sie nehmen die gewisse Schutzatmosphäre eines Klassenzimmers auch für sich in Anspruch und sprechen offener über Ihr Unbehagen angesichts der zunehmenden Multinationalität der

Schule, als Sie es irgendwo sonst tun würden, auch nicht auf Facebook.

Ja, die anderen Eltern gehen Ihnen oftmals auf die Nerven, und Sie würden mit keinem von Ihnen so gerne einen trinken gehen wie mit Ihren Facebookfreunden aus Neuseeland, aber Sie haben mit Ihnen so reale Gemeinsamkeiten wie Wohnort und Kinder in derselben Klasse. Sie vertrauen den Lehrern zwar nicht wirklich, aber dass die Schule – oder der Verein – Ihrem Kind (und damit auch Ihnen) so etwas wie Schutz bieten, das erwarten Sie mit unterbewusster Selbstverständlichkeit.

Sonst würden Sie sich nicht so darüber aufregen, dass neulich ein Busfahrer einer ganz anderen Schule in einer ganz anderen Stadt ganz andere Kinder aus Versehen an einer ganz falschen Haltestelle ausgesetzt hat. Weil das einfach nicht geht! Weil Schule Schutz bieten soll!

Und Kindergarten erst recht. Seien Sie Schutzmann oder -frau. Lassen Sie im Schutzraum Elternabend, was Sie gehört und gesehen haben oder erzählen Sie es wenigstens nur im Familienkreis weiter, da findet es auch seine Lacher.

Und sollte es sich um Bilder handeln, vom gemeinsamen Grillfest oder dem Elternstammtisch, da wissen Sie ja, wie das mit dem Datenschutz ist (siehe den entsprechenden Abschnitt). Sie müssen jede einzelne Person auf dem Bild um Erlaubnis fragen, bevor Sie es auf Instagram hochladen. Da nützt es auch nichts, wenn es mehr als sieben sind. Einer der Teilnehmer hat garantiert zufällig Jura studiert.

Elternabende sind Realitäten. Wenn Sie sie virtuell aufarbeiten, stellen Sie sie in eine Reihe mit politischen Versammlungen, animierten Tiervideos und zahllosen Eisbechern und Hamburgern mit Pommes. Das haben diese einzigartigen Interaktionserfahrungen nicht verdient.

Die Wahrheit über Elternabende ist, dass sich in ihnen die ganze Palette menschlicher Lebenserfahrungen spiegelt. Sie sind ein Mikrokosmos, genau wie Schlangen an Supermarktkassen und amerikanische Sitcoms. Alles, was Sie im Leben wirklich brauchen, können Sie auf Elternabenden lernen.

71.

WIE SIE BEREITS DEN HEIMWEG VOM ELTERNABEND SINNVOLL GESTALTEN KÖNNEN

Sie haben ihn also hinter sich, den Elternabend, und treten hinaus aus dem schlecht gelüfteten Klassenzimmer in die erfrischende Nachtluft. Ihre Gelenke knirschen noch ein wenig vom langen Sitzen auf zu kleinen Stühlen. Sie recken sich und spüren, wie ihre Wirbelsäule sich wieder auf 1,83 Meter entfaltet. Sie wischen etwas Kreide von ihrem rechten Ärmel, und auch der letzte Rest Ihres Unterbewusstseins verwandelt sich wieder in einen Erwachsenen. Sie sind erziehungsberechtigt, volljährig, wahlberechtigt, nicht vorbestraft und mit einem denkbar schmalen Punktekonto in Flensburg. Sie sind Sie selbst!

Sagen Sie sich das noch einige Male vor, während Sie der Bushaltestelle, dem Parkhaus oder gleich der eigenen Adresse zustreben. Versuchen Sie, dem Gefühl zu entkommen, etwas Grauenhaftes werde passieren, wenn Sie den Elternbrief mit Abschnitt zur Unterschrift, der in Ihrer Tasche knistert, nicht bis Donnerstag vorige Woche abgeben. Tun Sie etwas Erwachsenes. Stecken Sie sich eine Zigarette an (Sie müssen sie ja nicht wirk-

lich rauchen)! Nehmen Sie die Hände aus den Jackentaschen!
Bleiben Sie bei Rot stehen!

Der Heimweg vom Elternabend hat etwas Star-Trek-haftes.
Sie werden wieder zurück auf Ihren Heimatplaneten gebeamt,
nachdem Sie festgestellt haben, dass sich auf der bizarren Welt,
die Sie besucht haben, keine intelligenten Lebensformen befinden. Zweieinhalb Stunden lang haben Sie versucht, Ihr Verhalten
dem der Aliens anzupassen, um nicht aufzufallen. Jetzt ist es
Ihnen endlich gelungen, hinter einer Pappkulisse zu verschwinden, die ein lilafarbenes Gebirge darstellen soll, und Sie ziehen
Ihren Kommunikator heraus und murmeln hinein: »Beam mich
rauf, Scotty!«

Der Elternabend und alles und alle, die damit verbunden
sind, verschwindet hinter einer Säule aus reiner, weiß funkeln-
der Energie.

Es ist wichtig, dass Sie den Weg zurück auf Ihren Heimatplaneten finden, sonst werden Sie unter Umständen noch tagelang
in einer völlig fremden Welt umherirren und nach Buntstiften
mit ergonomisch geformten Griffhilfen suchen. Weil Sie auf dem
Elternabend einen Zettel bekommen haben, auf dem steht, dass
Ihr Kind genau die braucht. Die und keine anderen. Wenn Sie
ihm die Buntstifte vom Aldi kaufen, wird es nie Abitur machen.

Vielleicht steigen Sie eine Station früher aus dem Bus und laufen zwei Blocks zu Fuß, um sich den Kopf frei blasen zu lassen.
Noch besser, Sie gehen eine Runde joggen oder noch mal mit
dem Hund raus. Es ist wichtig, Abstand zwischen sich und den
Elternabend zu legen.

Sie müssen es nicht so radikal tun wie ich nach einem Elternabend des Schulorchesters, der meine Gedanken schon
vorher so mit Beschlag belegt hatte, dass ich bei der Einfahrt
ins Parkhaus ein Schild übersah, das mich über die abweichen-

den Öffnungszeiten für die unteren Parkdecks informiert hätte. Wie die Dinge nun einmal lagen, waren diese um 20:00 Uhr geschlossen worden, und als ich um 22:00 Uhr dort ankam, konnte ich meinem Auto nur noch durch das Gitter zuwinken. Im Bewusstsein, dass es warm und trocken und in Sicherheit war und ich es morgen gegen Zahlung eines Lösegelds zurückerhalten würde, machte ich mich daran, eine Menge Abstand zwischen mich und diesen Elternabend zu legen. Eine halbe Stunde mit dem Bus nämlich.

72.

WIE SIE ELTERNABENDERLEBNISSE RICHTIG WEITERERZÄHLEN

Elternabende eignen sich gut für Storys am Kaminfeuer, am Frühstückstisch und in der Raucherpause. Sie können sich einen Vorrat davon anlegen und sie dann zum Besten geben, wenn alle Kriegs- und Kaiserschnitterlebnisse erzählt sind. Sie müssen dabei allerdings ein paar Regeln beachten.

Regel Nummer eins: Sie müssen wissen, ob unter Ihren Zuhörern Eltern sind. Die brauchen Sie, um spontane und lautstarke Lacher oder Zustimmung zu ernten. Nicht-Eltern können zwar mit etwas Hilfe die Situationskomik eines Elternabends im Kathedral-Knabenchor, auf dem es darum ging, welche Hüte die Jungens zu tragen haben, auch erfassen, aber sie wirken dabei längst nicht so authentisch wie andere Eltern. Sogar wenn diese evangelisch sind oder der Kirche des fliegenden Spaghettimonsters angehören sollten.

Regel Nummer zwei: Sie müssen wissen, ob unter Ihren Zuhörern Lehrer sind. Die brauchen Sie gar nicht. Erzählen Sie etwas anderes, vielleicht eine Geschichte aus dem Büro (wie Sie das überleben, steht in einem anderen Buch).

Regel Nummer drei: Wenn Sie über andere Eltern herziehen wollen, müssen Sie damit rechnen, dass einer Ihrer Zuhörer jemanden kennt, der jemanden kennt, der jemanden kennt, der auch auf dem bewussten Elternabend war. Die Welt ist rund und hat den Umfang einer Glasmurmel, auch wenn man Ihnen im Erdkundeunterricht etwas anderes erzählt hat. Oder auf dem Elternabend mit dem Erdkundelehrer. Abwertende Bemerkungen über irgendjemanden finden immer irgendwann das Ohr dieses Irgendjemand. Überlegen Sie sich also vorher, ob Sie das, was Sie erzählen wollen, auch erzählen würden, wenn dessen Hauptdarsteller jetzt neben Ihnen stünde. Wenn ja, dann legen Sie mal los!

Regel Nummer vier: Je eher Sie erzählen, was auf dem Elternabend vorgestern wieder los war, umso besser für Sie und andere. Der Druck muss aus dem Kessel. Damit steigen auch die Chancen, dass Sie den Zettel, auf dem steht, wie hoch der Elternbeitrag für die Kursfahrt nach Paris sein wird, übermorgen doch zähneknirschend unterschreiben und Ihrer überglücklichen Tochter in die Hand drücken werden. Sie finden es ja ohnehin überflüssig, nach Paris zu fahren, wenn man schon in Kaiserslautern auf der Straße ganz ordentlich französisch sprechen kann, und der Besuch in Disneyland ist gänzlich unpädagogisch, und überdies wird dort wahrscheinlich englisch gesprochen. Aber wenn Sie das alles bald und am besten noch mehrmals empört jemandem erzählt haben, sinkt Ihr Blutdruck, Ihr Adrenalinspiegel normalisiert sich und die Tränen in den Augen Ihrer Tochter trocknen alsbald.

Noch etwas zum Thema Geschichtenerzählen im Internet. Wenn Sie Ihre Elternabenderlebnisse auf Facebook weitererzählen, verfremden Sie die Namen. Entweder indem Sie den

Nachnamen abkürzen – Frau H.-C. – oder indem Sie den Namen so ändern, dass Ihre Leser merken, dass der Name geändert ist – Herr Müller-Lüdenscheid zum Beispiel, oder Herr Doktor Koslowski. Ihre Leser werden wahrscheinlich trotzdem herausfinden, um wen es sich in Wahrheit handelt, aber Sie haben dann wenigstens guten Willen bewiesen.

Wenn Sie moralisch ganz auf der Höhe sein wollen, legen Sie die Goldene Regel an Ihre Elternabenderlebnisse an. Fragen Sie sich, bevor Sie etwas erzählen, wie Sie sich fühlen würden, wenn jemand dasselbe von Ihnen erzählen würde.

Und dann machen Sie lieber eine Bemerkung über das Wetter.

73.

WIE SIE DIE ERINNERUNG
AN ELTERNABENDE PFLEGEN KÖNNEN

Sie werden mir das jetzt vielleicht nicht glauben, aber irgendwann werden Sie sich voller Rührung an Ihre Elternabende erinnern. Es wird Ihnen etwas fehlen, wenn keine Zettel mehr an der Pinnwand hängen, keine unterschriebenen Abschnitte mehr zurückgegeben werden müssen, und Ihnen nicht mehr, wenn Sie sich gerade aufseufzend in den Sessel sinken lassen und nach der Fernbedienung greifen, siedend heiß einfällt: Heute ist Elternabend!

Also pflegen Sie die Erinnerungen. Eingangs wurde schon erwähnt, wie nützlich es sein kann, sich ein Elternabende-Buch anzulegen. Mir wurden doch tatsächlich die Augen feucht, als ich auf dem Info-Elternabend zum Thema Leistungskurswahl in der Oberstufe in unserem Buch zurückblätterte und auf den

Elternabend in der ersten Klasse unseres Sohnes stieß. Mein Gott, wie die Zeit vergeht!

Beim Lesen der Namen der Elternsprecher hatte ich deren Gesichter – und die ihrer Kinder – wieder vor Augen. Wo die wohl gerade im Elternabend saßen? Andere Schulen, andere Bildungswege, andere Städte?

Auch ein paar uralte Infozettel liegen noch in diesem Buch. Die Broschüre von Klick-safe vom Elternabend über Gefahren im Internet, ein Flugblatt von Pro Familia, ein Liedblatt vom Firmkurs … So ein Buch kann ehe man sich's versieht zum Scrap-Book werden. Wir sollten es irgendwann in Leder binden lassen.

Wenn Sie Ihre Erlebnisse nicht irgendwo aufschreiben, werden Sie sie wahrscheinlich vergessen, aber es muss ja kein Buch sein. Führen Sie einen Elternabende-Blog! Eine dreistellige Stammleserschaft sollten Sie mit ein wenig Werbung erreichen können. Geben Sie den Lehrern, die dort auftreten, Noten, und Ihre Leserschaft wird sich verdreifachen, bis die Schulleitung Sie auffordert, den Blog sofort zu schließen. Dann können Sie immer noch eine geschlossene Gruppe auf Facebook einrichten.

Ich habe dankbar die Gelegenheit ergriffen, dieses Buch zu schreiben. Seither träume ich von alten Elternabenderlebnissen, und das ist natürlich auch eine, allerdings schwerer zu kontrollierende, Art, seine Erinnerungen an Elternabende zu pflegen.

WIE SIE ELTERN BEGEGNEN, DIE SIE DAS LETZTE MAL AUF EINEM ELTERNABEND GESEHEN HABEN

Kennen Sie das? Sie spazieren frohen Mutes durchs Einkaufs-
zentrum, und plötzlich strahlt Sie jemand an und sagt: »Hallo,
wie geht es Ihnen denn so, und was machen die Kinder?« Und
Sie haben keinen blassen Schimmer, wer das sein könnte? Dann
ist es wahrscheinlich jemand, der Sie von einem Elternabend
kennt. Sie können sich aus so einer Situation herauswinden, indem Sie unspezifische Formelsätze verwenden wie »Man lebt
und gedeiht« oder »Was das junge Volk halt so anstellt. Und
Ihre?«. Hoffentlich beginnt der Unbekannte dann eine ausführ-
liche Schilderung seiner Situation, und Sie können ihn anhand
der Namen seiner Kinder zuordnen.

Dabei müssen Sie gut zuhören. Ich war unlängst in solch einer
Situation und erging mich in einer längeren Schilderung, dass
mein Sohn nicht mehr spielt (Fußball nämlich), bis mir klar wurde, dass ich den Vater, der mich strahlend begrüßt hatte, nicht
vom Sportverein her kannte, sondern vom Schulorchester, und
er hatte wissen wollen, ob mein Sohn noch Oboe spielt. Daher
das dumme Gesicht. Oboe spielt er übrigens auch nicht mehr.

Bis allerdings bei einem solchen Treffen jemand die Wahrheit sagt, müssen wahrscheinlich noch zwei Jahrzehnte ins Land
gehen. Bis jemand sagt: »Ich habe mich immer selbst als Schüler
gefühlt auf den Elternabenden.« – »Ich wollte nur Klassenelternsprecher werden, weil ich endlich einmal Macht haben wollte.« –
»Ich habe damals gegen Sie gestimmt, weil ich neidisch auf Ihr
Auto war.« – »Ich fand es immer so peinlich, dass Sie in der Jacke
Ihrer Tochter zum Elternabend kamen.« usw.

Auch wenn nach den Kindern gefragt wird, haben die meisten von uns einen Vorrat an Sätzen in der Backentasche, die man bei derartigen Treffen schnell ausspucken kann. Von den schlaflosen Nächten, wenn die 17-Jährige noch nicht zu Hause war, wird seltener erzählt als von ihrem Praktikum bei H&M. Dabei stieße Ersteres wahrscheinlich auf spontane Sym- und Empathie, besonders bei Eltern von Töchtern, während Letzteres nur dazu herausfordert, ein ähnlich eindrucksvolles Praktikum des eigenen Kindes dagegenzuhalten. Da ist sie wieder, die gute alte Elternolympiade.

Wir haben uns sehr daran gewöhnt, mit einer Toyota-Mentalität durchs Leben zu gehen. Nichts ist unmöööglich. Kinder großziehen – Kleinigkeit. Kinderkrippe, Tagesmutter, Kindergarten, musikalische Früherziehung, Grundschule, Schwimmverein, Ballett, Fußball, weiterführende Schule, Sportakrobatik, Hockey, Kirche, Alpenverein … Wir hangeln uns von Elternabend zu Elternabend. Wir verzweifeln, liegen nachts wach, grübeln darüber nach, was wir hätten anders und besser machen können, sollen, müssen. Wir beobachten, wie unsere Kinder sich mühen, diese Welt und diese Zeit zu verstehen, in der sie aufwachsen und lernen sollen, Entscheidungen zu treffen, und spüren, wie wenig wir ihnen dabei helfen können, aber wenn dann jemand vor uns steht, den wir von einem Elternabend kennen, der garantiert in einer ähnlichen Situation ist, mit der man einmal teilen könnte, wie herzzerreißend schwierig es sein kann, Eltern zu sein – dann grinsen wir und sagen: »Gut, alles super. Und bei Ihnen?«

Wir sind manchmal echt schwer von Begriff, wir Eltern. Genau wie unsere pubertierende Tochter letztens gesagt hat. Und das, obwohl wir so gut beim Innovativ-Elternabend zum Thema Pubertät mitgemacht haben.

WIE SIE IHREN ALLERLETZTEN
ELTERNABEND GESTALTEN

Viele von Ihnen werden einfach nicht merken, dass Sie soeben auf dem allerletzten Elternabend waren. Wenn Sie mehrere Kinder haben, gehen allerletzte Elternabende bei einem Kind nahtlos in noch-keineswegs-allerletzte bei den anderen über. Gerade haben Sie zum letzten Mal die Gesichter der anderen Eltern des Abiturjahrgangs gesehen, aber irgendwie sehen die auf dem Infoabend über die gymnasiale Oberstufe Ihrer jüngeren Tochter ganz ähnlich aus. Die Karawane der Elternabende zieht weiter, sie stolpern mit und merken erst, dass Sie Ihr Ziel erreicht haben, wenn Ihr Ehemann sagt: »Wir waren eigentlich schon lange nicht mehr auf einem Elternabend.«

Wenn Sie nur ein Kind haben oder wenn das jüngste Kind dem Elternabende-Alter entwächst, können Sie den allerletzten Elternabend schon eher bereits am Horizont erspähen und sich auf ihn vorbereiten.

Ihrer Fantasie sind dabei keine Grenzen gesetzt. Von die Türschwelle des Klassenraums küssen, wenn Sie sie zum letzten Mal überschreiten, bis auf den Tisch steigen und »Oh, Käptn, mein Käptn!« rufen ist alles möglich. Bringen Sie Luftschlangen mit und dekorieren Sie den Raum! Stellen Sie orangene Teelichter auf und verteilen Sie Weingummi-Fledermäuse an die Teilnehmer! Sie können auch eine Runde Sekt und Schnittchen ausgeben, aber das erfordert natürlich entweder ein sehr großzügiges Budget oder – sollten Sie ein Amt bekleiden – einen beherzten Griff in die Klassenkasse. Gerüchteweise soll es schon vorgekommen sein, dass scheidende Eltern auf ihrem allerletzten Elternabend ein Gedicht vorgetragen haben, das ganz klassisch schilleresque begann mit »Festgemauert in die Erden steht die Form aus Lehm gebrannt.« und sich der Schwierigkeit widmete, ein Thema, das nicht den Erwartungen des Veranstalters entsprach, überhaupt auf die Tagesordnung zu kriegen. Gelegentlich wurde auch gesungen. *Auld Lang Syne* oder etwas ähnlich Romantisches. »Should Elternabend be vorbei …«

Wenn Sie ein Kleidungsstück besitzen, das Sie besonders oft und gerne auf Elternabenden getragen haben, ist jetzt der Moment gekommen, es feierlich in die Altkleidersammlung zu geben. Es sei denn natürlich, Sie wollen es aufheben für den Tag, an dem Ihre Tochter kommt und sagt: »Mama, du hast auf den Elternabenden in der Schule immer so ein grässlich seriöses Jackett angehabt. Hast du das noch irgendwo? Morgen ist Laura-Julianas erster Elternabend im Kindergarten.«

Dann können Sie es mit einer Träne im Knopfloch an die nächste Generation weiterreichen. Denn nach den Elternabenden der Kinder ist vor den Elternabenden der Enkelkinder.

76.

WIE SIE SICH AUF EIN LEBEN OHNE ELTERNABENDE VORBEREITEN

Sie glauben nicht, wie viel Zeit Sie auf einmal wieder haben werden. Elternabende finden selten an Montagen oder Freitagen statt, sodass Ihre Wochenenden, auch wenn sie verlängert werden sollten, nicht allzu sehr gelitten haben dürften unter Ihrer jahrelangen Elternabend-Karriere. Aber die Dienstage und Mittwoche, an denen Champions League gespielt wird, sind nun endlich wieder frei. Kein Bayern gegen Barcelona auf dem Smartphone unter der Tischkante mehr! Wer gerne mal unter der Woche ins Kino oder Restaurant geht, wird ebenfalls aufatmend feststellen, dass die einzigen fixen Termine, die wochentags Abende blockieren konnten, aus dem Kalender verschwunden sind.

Genießen Sie Ihre wiedergewonnene Freiheit, aber machen Sie sich auch auf einige Entzugserscheinungen gefasst. Sie werden das erregende Gefühl vermissen, ganz dicht dran zu sein an wichtigen Ereignissen, wenn die Mitglieder des Schulelternbeirats von ihren Sitzungen berichteten. Sie werden mitunter einen Stich der Eifersucht verspüren, wenn in der Tageszeitung ein Artikel erscheint über den empörenden Versuch einer Schulleiterin, einen beliebten Lehrer versetzen zu lassen, und daraufhin ein »Offener Brief der Elternversammlung des Kunst-Leistungskurses« abgedruckt wird. Da hätte auch Ihr Name stehen können.

Wenn Sie es gewohnt waren, Ämter zu bekleiden, wird Ihnen – sprechen wir es offen aus! – die öffentliche Anerkennung fehlen. Sie hatten nicht die Zeit, das Interesse oder den – Verzeihung! – Mut, sich in die Lokalpolitik Ihres Wohnorts einzubringen, aber das Mitkochen am schulpolitischen Süppchen hat Ihnen doch immer wieder Spaß gemacht und das angenehme Gefühl verliehen, an der Entwicklung der Gesellschaft mitzuwirken. Jetzt sind Sie zurückgetreten ins Glied des Fußvolks und müssen Ihre Wahlkampfreden am Frühstückstisch halten. Traurig, aber wahr.

Auch der ständige Vergleich mit anderen Eltern wird Ihnen fehlen, glauben Sie mir. Woran sollen Sie jetzt noch erkennen, ob Sie pädagogisch, politisch oder ernährungswissenschaftlich die richtigen Entscheidungen treffen, wenn es niemanden gibt, an dessen Beispiel Sie ablesen können, wie man es auf keinen Fall machen sollte? Wer wird Ihnen die wohltuende Sicherheit vermitteln, doch nicht alles falsch gemacht zu haben, wenn Sie keine Elternabende mehr besuchen können, die aus Anlass des Fehlverhaltens der Kinder anderer Leute abgehalten werden? Wem werden Sie in Zukunft beiläufig von den guten Berufsaussichten Ihrer Kinder erzählen können? Ihre Arbeitskollegen interessiert das schon lange nicht mehr.

Über kurz oder lang werden Sie sich ein Hobby suchen müssen, wenn die Elternabende aus Ihrem Leben verschwunden sind. Irgendetwas mit ähnlichem Bezug zur Familie und Bedeutung für Gegenwart und Zukunft. Vielleicht Candy Crush?

77.

WIE SIE REAGIEREN, WENN IHRE KINDER SIE BITTEN, AUF DEN ELTERNABEND DER ENKELKINDER ZU GEHEN

»Mama, Reginald und ich haben Karten fürs Staatstheater am Mittwoch …«

»Ach, und da soll ich sicher auf Marvinia aufpassen?«

»Nein, nein, das ist schon geklärt. Sie übernachtet bei Neil. Aber am Mittwoch ist Elternabend im Ballettkurs, und es wäre ganz wichtig, dass jemand von uns da ist. Die Ballettlehrerin legt da großen Wert drauf und …«

»Und?«

»Wir dachten, du könntest vielleicht …«

Ich könnte vielleicht …

Sätze, die mit drei Punkten enden, eröffnen so viele Möglichkeiten. Wieder einmal mit suchendem Blick eine Straße entlanglaufen, um den Veranstaltungsort eines Elternabends zu finden. Ein Blick auf den Zettel, dann wieder einer auf die Hausnummern. Gibt es hier Hinterhöfe? Dann einen Raum betreten, in dem schon einige wildfremde Leute versammelt sind. Die meisten von ihnen mit demselben leicht unsicheren Blick von Menschen, die nicht hundertprozentig sicher sind, dass sie wissen, worauf sie sich eingelassen haben. Sich einen Platz suchen in der hintersten Reihe, halb verdeckt, hinter der Birkenfeige, und unauffällig die anderen mustern. Bin ich zu sehr aufgedonnert für diese Art Elternabend? Bin ich zu gedeckt gekleidet? Welche Rückschlüsse auf mein Kind werden sie aus meiner Kleidung ziehen?

Zu wem wohl die Mutter dort drüben gehört, die so grell geschminkt ist? Und die mit den weißen Flecken auf der Schulter hat ein Geschwisterkind unter einem Jahr zu Hause. Oder sie arbeitet als Tagesmutter.

Noch einmal den leichten Ruck verspüren, mit dem sich die Zeit zurückdreht, und mich selbst wieder in den Status eines Kindes, einer Schülerin, versetzt. Den strafenden Blick der Lehrkraft, die gerade mit der Power-Point-Präsentation beginnen wollte, gegenüber zu spät kommenden Eltern wahrnehmen und dankbar sein, dass ich eine Viertelstunde zu früh da war. Blätter entgegennehmen, Anwesenheitslisten abzeichnen, zu verstehen versuchen, wie viele Wahlstimmen ich habe (vertrete ich nur meine Tochter oder auch meinen Schwiegersohn?). Beginnende Rückenschmerzen wegen der zu kleinen Sitzmöbel weglächeln.

Vor Stolz Schluckauf bekommen, wenn ich auf einem Bild an der Wand den Namen meiner Enkelin lese. Und sich wundern, wo dieser Name auf einmal herkommt und wie fremd und gleichzeitig vertraut er auf der Wasserfarbe aussieht.

Womöglich ein paar Komplimente einsammeln. »Was, Sie sind Marvinias Großmutter? Das hätte ich nie gedacht. War Ihre Tochter eine Teenagerschwangerschaft?«

Doch eine ganz andere Generation, diese neuen Eltern.

Die eigene Perspektive einbringen können. »Als Großmutter habe ich natürlich eine andere Pädagogik kennengelernt als Sie, aber ich denke doch, dass ich auch etwas zur Klärung des Problems beitragen kann …« Und ob ich kann! Setzt euch bequem hin, Leute, und schlagt die Beine übereinander. Es ist Jahre her, dass mir das letzte Mal eine ganze Elternversammlung zugehört hat.

Mit den eigenen Leistungen angeben können. »Machen Sie sich nicht zu viele Gedanken wegen der Ernährung. Meine vier Kinder sind alle mit Nudeln und Ketchup aufgewachsen, und es hat ihnen nicht geschadet.« Und ich kann endlich »zu meiner Zeit« sagen, wie früher meine Oma.

»Also, Mama, würdest du …?«

Die endlosen Reden einer pädagogischen Fachkraft ertragen müssen, über Lernkonzepte, die sich sowieso nicht umsetzen lassen. Gegen den Schlaf kämpfen und sehnsüchtig an die *SoKo Leipzig*-Folge denken, die ich gerade verpasse. Den Machtkampf zweier Väter beobachten, die beide in ein Amt gewählt werden wollen, aber so tun müssen, als wollten sie, dass auch eine Frau gewählt wird, wegen der Gleichberechtigung. Zettel mitnehmen, die ausgefüllt und unterschrieben und bis zu einem bestimmten Datum zurückgegeben werden müssen, aber schon auf dem Heimweg verschwinden (wahrscheinlich im Auto in eine Subraumspalte gefallen). Noch ins Lokal mitgehen, obwohl ich viel lieber gleich nach Hause gefahren wäre, aber direkte Einladungen sind selten geworden, seit ich keine Elternabende mehr besuche. Im Lokal denselben Sprüchen zuhören, die schon vor Beginn des Elternabends geäußert wurden und während des Abends nur keine Gelegenheit fanden, der Allgemeinheit präsentiert zu werden …

NEEEEIIIINNNNN!!!!!!

»Natürlich, gerne. Wann und wo ist der Elternabend denn? Hast du einen Zettel?«

NACHWORT

VIELEN DANK AUCH MEINEM MANN.

Ich hätte dieses Buch nicht schreiben können, wenn ich nicht selbst Kinder hätte. Darum gilt mein Dank an erster Stelle den vier wundervollen Menschen Alexander, Franziska, Stefanie und Rebekka, die mir die Erfahrung so vieler Elternabende ermöglicht haben. Lieblinge, manchmal war ich dankbar, auf einen Elternabend gehen zu dürfen, manchmal genervt, und oft war ich zu müde. Manchmal habe ich den Papa geschickt, oft ist er von selber dorthin gegangen, und nur ganz selten war keiner von uns dort. Zumindest in dieser Hinsicht waren wir vorbildliche Eltern.

Bedanken möchte ich mich auch bei den zahlreichen Lehrern, Trainern, Chorleitern, Pfarrern, Kaplänen, Jugendlichen, Erzieherinnen, Experten und Dirigenten, die die Elternabende vorbereitet und durchgeführt haben. Es waren auch Ihre Champions-League- oder Theater-Abende, die auf diese Weise besetzt wurden. Ich wäre gespannt auf IHR Buch *How to survive Elternabende*.

Auch an die vielen anderen Eltern, die tapfer regelmäßig erschienen sind, erinnere ich mich mittlerweile mit Dankbarkeit. Ohne sie wüsste ich nicht, wie unterschiedlich man das Wort »Eltern« interpretieren kann. Ich hege und pflege die Überzeugung, dass wir bei aller Verschiedenheit mehr Gemeinsames als Trennendes haben. Eines Tages wird sie wachsen.

Dem Schwarzkopf & Schwarzkopf Verlag und meinem Literaturagenten Martin Brinkmann gilt meine ganze Hochachtung, sich des Themas »Elternabende« angenommen zu haben. Dieses Biotop der Gesellschaftsentwicklung wird meines Erachtens grob unterschätzt. Immerhin finden sich dort, wo Kinder und Jugendliche sind, letztlich alle wieder, die die Gegenwart und Zukunft unserer Gesellschaft irgendwie mitgestalten wollen. Und wo Kinder und Jugendliche sind, gibt es garantiert früher oder später einen Elternabend. Auf den Elternabenden im ganzen Land kann man erkennen, was das Volk wirklich bewegt und wo es nach Lösungen sucht. Wenn unsere Politiker wissen wollten, was wir als ihre Wähler denken, sollten sie uns dort besuchen. Denn, um es noch einmal deutlich zu sagen: Alles, was Sie im Leben wirklich brauchen, können Sie auf einem Elternabend lernen.

PS: Ich verneige mich an dieser Stelle vor den beiden Meistern der satirisch-amüsanten und doch den Tiefgang wagenden Schreibkunst, von denen ich so viel gelernt habe: Ephraim Kishon (seligen Angedenkens) und Adrian Plass.

52 WUNDERBARE WOCHENENDEN

WIE LÄSST MAN ES SICH ALS FAMILIE SO RICHTIG GUT GEHEN? DIE BESTE GEBRAUCHS-
ANWEISUNG FÜR EINE LUSTIGE, TURBULENTE UND ERHOLSAME FREIZEIT MIT KINDERN

52 WUNDERBARE WOCHENENDEN
LUSTIGE, VERRÜCKTE UND SCHÖNE IDEEN
FÜR DIE GANZE FAMILIE
Von Sabine Bohlmann
232 Seiten, Taschenbuch
ISBN 978-3-86265-223-5 | Preis 9,95 €

»In ihrem Buch macht Sabine Bohlmann kreative Vorschläge, wie man gemeinsam mit der Familie das Wochenende gestalten kann. Sie zeigt, wie man an ›Reparertagen‹ das Nützliche mit dem Angenehmen verbindet, wie man auch ohne Geld auszugeben tierisch viel Spaß hat, wie man sich gegenseitig verwöhnt oder was für eine Gaudi ein Fotoshooting-Wochenende sein kann – und wie man am besten zusammen faulenzt. Mit ihrem Einfallsreichtum bringt die Münchner Schauspielerin und Mutter zweier Kinder auf jeden Fall Farbe in jedes noch so graue Wochenende. Selbstverständlich lassen sich die Ideen auch wunderbar auf Ferien- und Urlaubstage übertragen.«
Schwäbsiche Zeitung

»Mit Sabine Bohlmanns Buch hat Langeweile keine Chance mehr.« *stadt-land-kind.de*

ANGELA RÖMELT, *1963, ist als vierfache Mutter und Religionslehrerin eine Veteranin in Sachen Elternabende. Sie ist an allen in diesem Buch beschriebenen Veranstaltungsorten von Elternabenden selbst gewesen und verdankt diesen Vororterfahrungen vor allem eine Erkenntnis: Es gibt für jede Situation eine Überlebensstrategie, nur nicht, wenn gleichzeitig Champions-League-Spiele stattfinden.

Angela Römelt
HOW TO SURVIVE ELTERNABEND
So überleben Sie Krabbelgruppe, Schule und Sportverein Ihres Kindes
Mit Illustrationen von Jana Moskito

ISBN 978-3-86265-599-1
© Schwarzkopf & Schwarzkopf Verlag GmbH, Berlin 2016

KATALOG
Wir senden Ihnen gern kostenlos unseren Katalog.
Schwarzkopf & Schwarzkopf Verlag GmbH
Kastanienallee 32, 10435 Berlin
Telefon: 030 – 44 33 63 00
Fax: 030 – 44 33 63 044

INTERNET | E-MAIL
www.schwarzkopf-schwarzkopf.de
www.facebook.com/schwarzkopfverlag
info@schwarzkopf-schwarzkopf.de